Und manchmal lacht der Franke doch!

Ulrich Rach

Und manchmal lacht der Franke doch!

Heitere und kuriose fränkische Kurzgeschichten

Mit Illustrationen von Thomas Scheidl

Der Autor: Ulrich Rach, Jahrgang 1947, geboren in Hof, langjähriger leitender Redakteur bei mehreren fränkischen Tageszeitungen, unter anderem bei den „Nürnberger Nachrichten", der „Fränkischen Landeszeitung" in Ansbach und bei der „Frankenpost" in Hof. Träger des Publizistikpreises der bayerischen Bezirke, des „Frankenwürfels" und des „Ehrenpreises fränkische Mundartmeisterschaft". Verfasser zahlreicher Bücher unterschiedlichen Genres.

Illustrationen und Titelbild: Thomas Scheidl, Mitarbeiter mehrerer Zeitungen, zahlreiche Buchveröffentlichungen

Bibliografische Information der Deutschen Nationalnibliothek

Die Deutsche Nationalbibliothek verzeichnet diese Publikation in der Deutschen Nationalbibliografie; detaillierte bibliografische Daten sind im Internet über www.dnb.de abrufbar.

Druckvorstufe: wek-Verlag
Digital-Druck: SDL Berlin
Printed in Germany
ISBN 978-3-934145-92-4

Inhalt

Vorwort: Es lebe der fränkische Humor!   7

Kapitel 1: Schlitzohren und Unikümer

Ein Amtsrichter und seine Kunst   10

Freibier, Enten, Unikümer   15

Suu a Viecherei   19

Wenn das Glück zurückschlägt   21

Kapitel 2: Glückskinder, Pechvögel und andere Franken

Als sich der Schorsch aufgehängt hat   28

Loddar, der Büstenhalter   31

Fränkische Glückskinder   35

Der Meier maant, des bassd scho   39

Kleiner Schieß und große Aufregung   42

Kapitel 3: Einfach tierisch

Hundsgemeiner Vatertag   47

Der Killer mit der Schaufel   51

Lustlose und Lustvolle   54

Casanova und Adonis   56

Herzkirschen, Herzkaschber und ein Vogelschreck   60

Kapitel 4: Kinder, Kinder

Äpfel, Lehm und Bienenstich   64

Des Dipferla auf der Dordn dordn   68

Von den Ahnen und ihrer Liebe zum Klo   74

Kapitel 5: Sachen gibt's!

Die fröhlichen Ritter von der Hustenburg 78

Haute Couture von der Stange 81

Die Senioren-Tanzstunde 85

Schiffsuntergänge und Schlodengeli 89

Die Not im Liftanzug 94

Kapitel 6: Weihnachtswunder, Weihnachtskoller, Weihnachtsbäume

Der ganz normale Weihnachtskoller 99

Das Manna-Wunder von Nürnberg 102

Der Christbaum und die grupfde Henna 106

In der Herberge war doch ein Platz frei 110

Kapitel 7: Ein Geist und zwei Heringe zum Schluss

Geistreiches Zeitungsleben 115

Zwei Heringe und die Vergänglichkeit 122

Es lebe der fränkische Humor!
Ein Vorwort

Die gute Nachricht steht felsenfest: Ja, manchmal lacht der Franke doch. Entgegen allen im Raum kreisenden, hundsgemeinen Vorurteilen, lacht er sogar arch und oft, nicht nur am Stammtisch und bei seiner Fastnacht. Und er geht auch nicht zum Lachen in den Keller.

Im journalistischen Alltag Frankens spiegelt sich das allerdings nur sehr dürftig wider. Lug und Trug, Mord und Totschlag, aber auch staubtrockene Politik, ebensolche Konfliktthemen sowie sachlich-kühle Reportagen prägen die Schlagzeilen und Beiträge der Zeitungen und der anderen Medien weitestgehend. Die heiteren, die witzigen Geschichten sind da bedauerlicherweise eher rar, sogar sehr rar. Es gibt sie aber.

Dies zu dokumentieren, habe ich dieses Buch zusammengestellt. Dazu habe ich mich, der viereinhalb Jahrzehnte in fränkischen Tageszeitungsredaktionen zwischen Hof, Marktredwitz, Nürnberg und Ansbach arbeitete und immer erstrebte, neben all den todernsten Meldungen auch die unterhaltsam-witzige Nachricht aufzustöbern und zu verbreiten, in mein Privatarchiv vertieft.

Und ich bin fündig geworden, habe eine Reihe von heiteren authentischen Geschehnissen und Geschichten herausgekramt, mit denen ich in diesen Jahren journalistisch in Berührung kam und die verdeutlichen, was mir auch zu künden besonders am Herzen liegt: Der Franke als solcher ist keineswegs ein gefühlsarmer Rollerboggl, der auf einer Insel der Humorlosigkeit lebt, sondern im Allgemeinen ein Mensch mit Witz und Spitzbübigkeit. Aber wie in jedem Volksstamm gibt es auch hier Sodderde und Sodderde, wie es in Franken heißt, solche und solche also.

Ich habe mich in diesem Buch jedenfalls auf die konzentriert, die mich und viele andere Menschen während meiner journalistisch-fränkischen Vergangenheit mit ihrem Tun und Sagen zumindest zum Schmunzeln, wenn nicht gar zum kräftigen Lachen gebracht haben. Und ich habe ihre humoristischen Heldentaten auf der Basis früherer Berichte und aktueller Recherchen aus der Perspektive der heutigen Zeit niedergeschrieben. Sollte eine Leserin, ein Leser dieses Buches als Zeitzeuge von früher dennoch vielleicht das eine oder andere Detail einer Geschichte ein wenig anders in Erinnerung haben als hier geschildert, so bitte ich um Verständnis, dass ich vereinzelt dem Nebel der Vergangenheit mit schelmischen Sinn einen Hauch schriftstellerischer Fantasie entgegengesetzt habe. Neben diesen auf wahren Begebenheiten beruhenden Erzählungen bietet dieses Buch im Übrigen auch Begegnungen mit fränkischen Originalen und heiter-(selbst)ironische Einblicke in das fränkische Journalistenleben

Nun wünsche ich mir, die Leserin/der Leser – ob Franke oder nicht Franke – möge sich bei der Lektüre dieses Kaleidoskops witziger fränkischer Kurzerzählungen aus viereinhalb Jahrzehnten gut unterhalten fühlen, möge oft und herzlich lachen und am Schluss konstatieren: Es lebe der fränkische Humor! Viel Spaß nun beim Lesen.

Ulrich Rach

Kapitel 1

Von Schlitzohren und Unikümern

Ein Amtsrichter und seine Kunst

Ein Original im Talar, die bösen Buben und die Vorgesetzten

Die Zeiten der königlich-bayerischen Amtsgerichte sind längst vorbei. Ihr Geist indes wehte bisweilen noch lange bis hinein in unsere Zeit. Zumindest dort, wo es die winzigen Amtsgerichte auf dem Land gab. Wie in Heilsbronn, jener kleinstädtischen Idylle auf dem Weg zwischen Nürnberg und Ansbach. Nach Ansicht von Spöttern gab es dort eine Zeit lang nur zwei Attraktionen: das Hohenzollern-Münster und das Amtsgericht.

In diesem Gericht residierte, ein besseres Verbum gibt es in diesem Fall nicht, einige Jahre ein Einzelrichter, den wir Dr. Gerch Vau nennen wollen. Ihn als ein Original zu bezeichnen, wäre fast zu bescheiden. Amtsrichter Dr. Vau war eine Institution. Er brachte es in der Region wegen seiner unkonventionellen Art zu einigem Ruhm.

Jeder Spitzbube, der sich vor seinem Angesicht für seine mehr oder weniger schlimmen Schandtaten verantworten musste, aber auch jedes schräge Mädchen konnte irgendwie von Glück reden, gerade vor diesen besonderen Gerichtsschranken zu landen. Amtsrichter Dr. Vau konnte zwar fürchterlich und richtig schön fränkisch schimpfen, wenn die Saubuum und -madla gar zu frech wurden und uneinsichtig waren.

Aber unter seiner Amtsrobe schlug ein Herz, das augenscheinlich immer darauf bedacht war, die kleineren und größeren Übeltäter von der schiefen Bahn, auf die sie geraten waren, wegzubringen, wenigstens nicht weiter abrutschen zu lassen. Und nicht selten löste er Konfliktsituationen mit dem ihm eigenen brummig-fränkischen Humor, der meist trefflich war, manchmal aber auch – zum Unmut der einen oder anderen Partei im Sitzungssaal – in der Direktheit der Diktion a bissla über das Ziel hinausschoss. Viele Verhandlungen vor dem Einzelrichter Dr. Vau aber waren, auch in seiner späteren Ansbacher Zeit, selbst für lang gediente Gerichtsreporter ein erfrischendes Erlebnis – und das erwähnte königlich-bayerische Amtsgericht blieb im Vergleich dazu ein Klacks.

11

Vielleicht begründeten sich die besondere Art, die Geduld, der Witz und die Väterlichkeit des Amtsrichters Dr. Vau in der Tatsache, dass er auch ein Künstler war: Als begnadeter Musikant brachte er nicht nur die mittelfränkische Justiz wiederholt in Stimmung, sondern spielte auch begeisternd in Wirtshäusern auf. Und die Bilder, die er malte, hängen noch heute an vielen Wänden in der Region.

Jedenfalls bereitete sein besonderer Ruf schon in früheren Heilsbronner Zeiten seinen Vorgesetzten – wie wir meinen unnötigerweise – einige Sorgen. Und so stattete der Herr Gerichtspräsident aus Ansbach eines Tages dem Heilsbronner Amtsgericht einen unangemeldeten Kontrollbesuch ab. Nun muss man wissen, dass das Amtsgericht Heilsbronn ein fast intim kleiner Ort war – mit dem Vorteil für den amtierenden Einzelrichter, dass er oben im Gerichtsgebäude wohnen und so ganz bequem zu seinem Arbeitsplatz gelangen konnte. Aber auch ganz leger. Was im speziellen Fall von Dr. Gerch Vau bedeutete, dass er schon mal hin und wieder Sitzungen in kurzer Hose und Schlappen unter dem würdigen Talar leitete.

Als nun am besagten Tag der Herr Gerichtspräsident im Amtsgericht ankam, empfing ihn zunächst ein gehörig verschreckter Justizwachtmeister in der Pforte. „Iich hab' in dem Momend fei dachd", so berichtete der Wachtmeister später wohl, „miich driffd der Schloch." Weil er nämlich wusste, dass sich der Herr Amtsrichter, den er als Dienstvorgesetzten und Mensch sehr, sehr schätzte, just zu besagter Stunde wieder einmal von der Muse küssen ließ und sich als Kunstmaler an der Staffelei in der Privatwohnung übte.

Nun wissen wir ja, dass die Damen und Herren Richter nicht nur große Selbstständigkeiten und Freiheiten bei ihren Entscheidungen, sondern auch bei ihrer Arbeitszeit haben. Aber es gibt, wie im damaligen Heilsbronner Fall, halt auch immer wieder Auslegungs-Unterschiede, bei denen, die die Freiheit haben und nutzen, und denen, die sie beurteilen und in eine gewisse Relation setzen müssen. „Der Herr Amtsrichter is grod amol kurz in sei Wohnung ganga. Iich glaab, der mussd aafn Abbord", berichtete der Wachtmeister dem hohen Besucher, hoffend, dass die Unwahrheit, wenn sie Schutzbehauptung ist, nicht als Sünde gilt. „Ich ruf'n schnell oo und soch, er soll nunderkumma."

Nun war natürlich unser Dr. Vau auf der anderen Seite der Telefonleitung auch nicht gerade hocherfreut über den Besuch aus Ansbach. „Führn'sn in mei Büro und gebm'sn hald awaal a poor Akten", wies er seinen Mitarbeiter an der Pforte an, was dieser dann tat. Der Herr Amtsrichter legte rasch Pinsel und Palette zur Seite, zog sich den Malerkittel und die kurze Hose aus, eine lange Hose an und begab sich in der ihm eigenen Gemütsruhe in sein Arbeitszimmer, wo der Herr Präsident schon mit hochrotem Kopf auf ihn wartete.

Augenscheinlich missfiel dem Dienstvorgesetzten nicht nur die Tatsache, dass der Herr Amtsrichter am helllichten Arbeitstag nicht an seinem Schreibtisch saß, sondern er missbilligte offenbar auch den Zustand der Akten gscheid. „Schauen Sie mal, was Sie da gemacht haben. Das ist doch alles lückenhaft und im Zeitverzug", fuhr er den Amtsrichter an, so wurde später überliefert. Und er hat die Unterlagen quer über den Tisch geworfen, so dass diese mit Karacho auf der anderen Seite wieder herunterpurzelten. Unser Dr. Gerch Vau, der sich keiner Schuld bewusst war, ging über diesen Eklat einfach hinweg – und ließ den auf mehrere Quadratmeter Boden verstreuten Aktenberg einfach liegen, als gäbe es ihn und diesen Wutanfall seines Chefs nicht.

Was den Präsidenten noch mehr in Rage brachte: „Wollen Sie das nicht aufheben?", rief der zornig. „Warum?", hat unsere Einzelrichter mit ernstem Gesicht gefragt, „iich hob's ja net noogschmissn." „Ja, Donnerwetter", hat ihn daraufhin sein Chef angefahren, „soll ich die Akten vielleicht selbst aufheben?" Aber auch auf diese klare Frage hatte unser Dr. Vau eine klare Antwort: „Naa, net unbedingt, obba wenn Sie's net mach'n, hol' iich halt'n Wachtmaster, der hebds scho aaf."

Über das weitere Geschehen an diesem Tag ist nichts bekannt. Allerdings über dessen Fortsetzung. Der besondere Ruf des Amtsgerichts Heilsbronn hatte sich in jenen Jahren nämlich sogar bis zum Herrn Justizminister nach München verbreitet. Und so kam auch dieser eines Tages zur dienstlichen Visitation in das mittelfränkische Kleinod. Allerdings nicht unangemeldet, und so konnte Amtsrichter Dr. Vau rechtzeitig aus dem Malerkittel schlüpfen, bevor der Herr Minister eintraf. Was unser Heilsbronner Original allerdings dennoch nicht vor gehörigem Ärger bewahrte.

Der Herr Justizminister besichtigte nämlich auch den Heilsbronner Gerichtssaal. Und dieser unterschied sich damals erheblich von allen anderen Gerichtssälen in ganz Deutschland. Als einziger barg er eine tolle Gemäldegalerie mit vielen Originalen. Pragmatisch ausgedrückt: Dr. Vau hatte die Wände des amtlich-kargen Raums mit seinen hübschen, bunten Bildern geschmückt. Das war damals und ist heute noch überaus unüblich, um das zurückhaltend zu formulieren. Der Herr Justizminister jedenfalls tobte und befahl dem Herrn Amtsrichter, die Bilder umgehend abzuhängen. „Wieso?", soll dieser gefragt haben, „gfällds Ihna net?"

Nein, es hat dem Minister, wahrscheinlich ein Kunstbanause, nicht gefallen. Und der arme Dr. Vau musste seine Kunstwerke tatsächlich entfernen. In mittelfränkischen Justizkreisen lacht man noch heute über diese Geschichte, die seinerzeit für richtige Furore gesorgt hatte. Viele, selbst staats- und staatsparteitreue Juristen klopften sich damals lachend auf die Schenkel und unserem Dr. Vau auf die Schultern, allerdings mit dem Hinweis, dass er Fortschritte in seiner Karriere nun wohl für längere Zeit nicht erwarten könne. „Wissder wos?", hat der daraufhin in seiner fränkisch-knappen Schlagfertigkeit geantwortet: „Wenn der scho lang nimmer Minister is, bi iich immer noch Amtsrichter." Und natürlich hat sich diese weise Prophezeiung schon wenig später in vollem Umfang bewahrheitet. Der Herr Justizminister musste nämlich alsbald seinen Hut nehmen. Unser Dr. Vau indes sprach noch viele Jahre im Namen des Volkes Recht, malte und musizierte.

Freibier, Enten, Unikümer

Ein verkorkster Wahlkampfabend und der Ripper von London

Ach ja, die politischen Unikümer. Der Steinbachs Franz gehörte auch in diese Kategorie: Stadtrat in Ansbach, Betriebsrat und natürlich mit ganzem Herzen Sozi. Und dies zu einer Zeit, als in den 1970-er Jahren die Sozis gerade in Ansbach von ihren übermächtigen konservativen Kontrahenten noch als üble Handlanger Moskaus dargestellt wurden und die mittelfränkische Haupt- und Residenzstadt als riesiges schwarzes Loch im politischen Kosmos dastand, schwarz, wie die Nacht finster, wie man damals trefflich beschrieb.

Das politische Malheur für die Roten in Ansbach verschlimmerte sich noch nach der Gebietsreform 1972. Da nämlich wuchs die Stadt mir nix, dir nix und über Nacht zur flächenmäßig fünftgrößten Stadt Bayerns. Gefühlt 100 Dörfer, Dörfchen, Weiler und Einsiedeleien wurden eingemeindet, und die armen Sozis befürchteten — nicht ganz zu Unrecht —, „dass dord am Land lauder Schwarze wohna". Ziemlich ratlos waren sie, und die Köpfe rauchten, als sie vor der Kommunalwahl 1978 berieten, welche gewinnbringenden Wahlkampf-Strategien denn wohl am wirksamsten seien. Und während die anderen Genossen noch nach Ideen rangen, fasste der Steinbachs Franz seine Gedankenblitze mit einem Wort zusammen: „Freibier". Bei die Bäierla, also bei den Bauern, meinte er, „is Freibier des beste Argument."

Und so setzte er sich ein paar Tage später zusammen mit seinem Genossen Fritz in das Auto, und beide verließen Ansbach Richtung Südosten, um im erstbesten Nachbardorf Wahlkampf zu betreiben. Dazu steuerten sie das Dorfwirtshaus an, das an jenem Abend rappelvoll war, und mischten sich unter das (Wahl-) Volk. Beide gaben sich als Wahlkämpfer zu erkennen, schwangen Reden, philosophierten über Ansbach und seine politische Zukunft, erzählten Witzla und ließen natürlich das Freibier fließen, dass es nur so tropfte. Und naturgemäß diskutierten sie auch über die Situation der armen Landwirte, die schon damals, als es die EU von heute noch nicht gab, gerne und oft jammerten und ihren wirtschaftlichen Untergang prophezeiten.

Der Steinbachs Franz und sein Genosse Fritz gaben den Bäierla im Wirtshaus jedenfalls voll umfänglich recht, was den beiden ja nicht schwerfiel, weil ein Stadtrat als solcher im Prinzip zwar über die Landwirtschaftspolitik reden, aber äußerst wenig zu diesem Thema entscheiden kann. Und so entstand mit zunehmender Freibiermenge eine richtig tiefe gegenseitige Sympathie zwischen den beiden Herren Stadtratskandidaten und den Dorfbewohnern. Es hätte im Prinzip nur noch gefehlt, dass sich alle geküsst hätten, so groß war die gegenseitige Liebe.

Und in dieser Hochstimmung stieß der Steinbachs Franz sacht seinen Mitsozi Fritz an und erklärte ihm stolz: „Siggsdes, so gewinndmer Wähler." Jetzt mussten die zwei Stadtväter den Anwesenden allerdings nur noch sagen, dass diese am Tag X tatsächlich auch Kreuzchen oder Ziffern neben ihren beiden Namen schreiben sollten, obwohl die Dorfbewohner damit entgegen allen Gewohnheiten zwei Sozis ihre Stimmen schenken hätten müssen. Daher erhob sich der Franz und erklärte: „Also Leid, denggd an uns zwaa, am Wahldoch." „Denggn kemmer scho an eich", meinte der Wirt, der mit hochrotem Kopf hinter der Theke stand, „obba wählln kemmer eich net. Unser Wärdshaus und die ganze Ordschafd Ratznwindn g'häärd nämli net zu Anschbach, sondern zu Sachsen." Sachsen, das sei dem unkundigen Leser vermittelt, ist ein politisch selbstständiger Nachbarort der Regierungshauptstadt und war zu dieser Zeit das einzige Sachsen in der Bundesrepublik Deutschland.

Jedenfalls mussten der Steinbachs Franz und sein Wahlkampfbegleiter gscheid schlucken, als sie erfuhren, dass ihr Freibier-Wahlabend für die Katz' war. Aber der Franz gab sich jovial und diplomatisch. Und er erhielt von den Ratzenwindenern im Dorfwirtshaus sogar noch einen herzlichen Schlussapplaus, möglicherweise aber vor allem wegen des Freibiers. In der Stadt allerdings musste sich der Franz später dann doch a weng Spott gefallen lassen, als die Kunde vom ungewöhnlich grenzüberschreitenden Wahleinsatz die Runde machte. Er hakte das alles aber in seiner originellen Art als „Pflege internationaler Beziehungen" ab.

International war der Steinbachs Franz nämlich ohnehin. Er hatte ganz früher einmal in der Fremdenlegion gedient. Was ihm in seiner Zeit als Ansbacher Stadtvater sehr zugute kam: Wenn er in die französische Partnerstadt Anglet reiste, dann standen (zum großen Gaudium seiner mitgereisten Ansbacher Stadtrats-Kolleginnen und -Kollegen) manche Mannsbilder stramm, salutierend vor dem hochdekorierten Franz und legten ehrfurchtsvoll die Hand an die Mütze, berichtete als Zeitzeugin einmal lachend die ehemalige Ansbacher Stadt- und Bezirksrätin Gretl Schneider, ebenfalls ein Urgestein der Sozis.

Möglicherweise hat auch eine weitere Anekdote vom Steinbachs Franz irgendwie mit der Fremdenlegion zu tun. Also: Eine zu dieser Zeit große Baufirma legte feierlich den Grundstein für ein Hochhaus in Ansbach. Und lud die Ehrengäste ein, danach zu einem Festla in die markgräfliche Orangerie zu kommen. Nun waren Kalte Büfetts zu dieser Zeit, man mag es bedauern oder begrüßen, noch ein wenig opulenter als heutzutage. Auch besagter Bauherr tischte jedenfalls gscheid was auf an jenem Tag. Vielleicht war die Arbeit bei der Grundsteinlegung so hart für die Ehrengäste, vielleicht war es auch die gute, frische Ansbacher Luft, die den Appetit anregte. Jedenfalls fielen die Honoratioren über das Büfett her, als wenn sie seit vier Wochen nichts mehr zu essen und zu trinken bekommen hätten. Nach einer halben Stunde jedenfalls waren die Tische nahezu ratzeputz geleert.

Und just, als sich ein besonders schwergewichtiger Ehrengast das letzte Schdüggla Fleischwoschd von der Platte holte, betrat erst der Steinbachs Franz den geschichtsträchtigen Saal. Er hatte am Ort der Grundsteinlegung noch mit einem Lokalredakteur a weng gewaaft und sich deshalb beim Kalten Büfett verspätet. Die Aachala hat er enttäuscht rausgedreht, als er merkte, dass ihm die anderen Honoratioren alles weggefuttert hatten, berichtete der Chronist damals. Aber es war doch nicht alles weg.

Auf dem Tisch stand nämlich einsam und verlassen noch eine komplette, gebratene, aber kalte Ente, schön garniert mit Petersilie im Bürzel und Orangenscheiben im Halbkreis drumherum. Es ist ein bis heute ungelöstes Rätsel, warum das Tier nicht angeschnitten war. Die Vermutung steht im Raum, dass der Wirt sie nur zur Dekoration hingestellt hatte, zumal auch kein Tranchierwerkzeug bereitlag.

Wir wissen nicht, welche Gedanken unser politisches Original in jenen Minuten bewegten und welche Vermutungen er anstellte. Jedenfalls scheint er einen archen Hunger gehabt zu haben. Und weil Not erfinderisch macht, kam ihm wieder eine seiner genialen Ideen: Er zog im Beisein und unter den Augen von Ansbachs gesamter Prominenz sein Taschenmesser raus, klappte es auf wie der Ripper von London und stieß es dem Entenvogel, der hilflos auf der Silberplatte lag, mit Schwung und Wucht in die Brust.

Dann zerteilte er das Tier säuberlich und schob sich die schönsten Schdüggla genussvoll in den Mund. Es gab wohl ein gehöriges Gewisper in dem vornehmen Kreis. Und einer der hohen Gäste sprach von einer „Szene voll Peinlichkeit", als der Steinbachs Franz im Stehen auch noch die Entenschenkel abzullte und die Umstehenden fragte, ob sie auch a weng wos wolln. Der einzige, der sich getraut hat, ein Stück Ente mit dem Franz zu essen, war der schon erwähnte Lokalredakteur (und Autor dieser Zeilen). Und natürlich waren sich danach die meisten der Honoratioren einig, dass bei den Sozis und bei den Zeitungsschreibern ohnehin Hopfen und Malz verloren sind. So ganz genau wissen wir allerdings nicht, ob sich diese damals, zumindest in Ansbach, weit verbreitete Einstellung bis heute wirklich überall und bei jedem grundlegend verändert hat.

Suu a Viecherei

Eine umstrittene Fleischbeschau, ein ausgefallenes Schlachtfest und eine gscheide Portion Humor

Lang, lang ist's her, als wir uns noch delektieren konnten am lustvollen politischen Streit, als noch wirkliche Originale mitmischten in den Parlamenten und kommunalpolitischen Gremien. Inzwischen gähnen wir, wenn wir die Bundestagsdebatte im Fernsehen verfolgen, wenn wir uns im Bezirkstag, im Stadtrat oder sonstwo langweilen. Weil nämlich nüchterne Pragmatiker die schrillen, aber unterhaltsamen Vögel aus der Politik ganz verdrängt haben.

Wie der Fritz Bauereisen aus Ehingen am Hesselberg einer war, der sich selbst mit schönstem fränkisch-alemannischen Zungenschlag Baurrreisen (ohne „e", aber mit vier bis fünf „r") nannte und der sicher irgendwann den Josef-Filser-Preis bekommen hätte, hätte es einen solchen je gegeben. Lange Zeit war der „Schwarze Fritz" Landtagsabgeordneter, Bürgermeister, bäuerlicher Verbandsfunktionär, Ökonom und vieles mehr in einer Person.

Und wenn jemand das Prädikat „schlitzohrig" verdient hätte, dann wäre er es gewesen wie kaum ein anderer. Heitere Schilderungen von seiner Art der politischen Diplomatie machen selbst heute noch die Runde. Und wenn auch der Baurrreisens Fritz nicht mehr lebt, so leben doch seine Art der Rhetorik und sein Humor weiter. Und bringen noch heute die Menschen zum Lachen.

Wie in der Geschichte von der Fleischbeschau. In einem illustren Kreise diskutierten regionale Honoratioren eines Tages ziemlich kontrovers über dieses Thema. Und es gab durchaus unterschiedliche Meinungen dazu, vor allem was die immer weiter ausufernde fleischbeschauliche Bürokratie betraf. Als aber der Disput zum politischen Streit ausarten wollte, ergriff der Fritz das Wort und beleuchtete das Thema aus seiner Perspektive: „Früher haben die Bauern am Mittwoch geschlachtet. Am

Donnerstag hat der Organist Blut- und Leberwäschd gekriegt, am Freitag der Pfarrer eine Schlachtplatte. Wenn der Pfarrer am Sonntag gepredigt und der Organist die Orgel gespielt hat, dann war das Fleisch in Ordnung und der Bauer konnte es essen." Womit jede weitere Debatte wegen heftiger Lachanfälle der anderen Beteiligten beendet war.

Fleischbeschau hin, Fleischbeschau her. Die Schlachtfeste des Ökonomen Baurrreisen waren jedenfalls in der politischen Szene der Region überaus beliebt. Einer allerdings von seinen schwarzen Amtsbrüdern, einer, der nur ein Stücklen von ihm entfernt beheimatet war, war dazu noch nie eingeladen gewesen. Und deshalb monierte er nachdrücklich bei seinem politischen Busenfreund. Weil Letztgenannter drauf und dran war, „bald a Sau zu schlachten", lud er den Bittsteller zu einem bestimmten Termin ein. Als dieser Tag näherrückte, musste der vielbeschäftigte Bauersmann aus Ehingen feststellen, dass er eigentlich keine Zeit für ein Schlachtfest hatte. Also rief er seinen schwarzen Bruder an und teilte ihm mit: „Ich muss dich leider ausladen, die Sau frisst wieder."

Wir wissen nicht, was diese eigenwillig unverblümte Botschaft für diese Männerfreundschaft bedeutet hat. Beide können nicht mehr darüber sprechen. Aber vielleicht sitzen sie jetzt ja bei a weng am Manna und einem Gläsla Himmelstau beisammen und lachen sich krumm über Bauereisens irdische Viechereien.

Wenn das Glück zurückschlägt
Von den Freuden und Leiden eines Poeten

Mit dem Glück ist das fei so eine Sache: Manchmal kündigt es sich strahlend an und der Mensch empfängt es mit euphorischer Freude, um hinterher zu konstatieren, dass er sich Glücklichsein eigentlich a weng anders vorgestellt hat. Bisweilen nämlich schlägt das Glück gnadenlos zurück. Dem Ludwig beispielsweise wiederfuhr dieses Schicksal.

Der Ludwig war nicht irgendwer, sondern auch in die Reihe der ganz besonders originellen Zeitgenossen in der mittelfränkischen Region einzuordnen. Er lebte in Dinkelsbühl, war aber in den 1970-er/1980-er Jahren in ganz Bayern bekannt: Im Hauptberuf Kriminalpolizist, in den Nebenberufen Journalist und Schriftsteller. Und ein netter, humorvoller Mensch. Seine Kinder-Hörspiele waren zu jener Zeit ein fester Bestandteil im Bayerischen Rundfunk. Und die Figuren, die er schuf, zeigten sich so schelmisch wie der Ludwig selbst, manchmal auch ein bissla schräg.

Und weil er also auch Journalist war, durfte er sich an einem Poeten-Wettbewerb für diesen Berufsstand beteiligen, den ein damals noch in Blüte stehendes Versandhaus-Unternehmen mit dem Namen „Quelle" ausschrieb. Das Thema lautete „die Sonnenblume", und der Verdacht stand im Raum, dass es nicht um poetische Höchstleistung ging, sondern darum, dass der Konzern mit einer solchen (Lust-)Reise – milde ausgedrückt – die journalistische Zunft liebevoll umwerben wollte. Im Prinzip reichte es schon, wenn der Herr Journalist/ die Frau Journalistin ein Versla einreichte wie dieses niveauvoll-inhaltsreiche:

Auf der Wiese groß und schön
Kannst du die Sonnenblume seh'n.
Willst du sie dir pflücken,
brauchst du dich nicht zu bücken.

Mit Sicherheit hat der Ludwig, der ein wirklich perfekter Reimeschmied war, Anspruchsvolleres geliefert. Jedenfalls war er unter den Siegern und durfte eine mehrtägige Reise nach Ungarn antreten, in die Puszta, aber vor allem nach Budapest in das Fünf-Sterne-Hilton, das in diesen

Jahren als eines der absoluten internationalen Spitzenhotels im gesamten Ostblock galt. Vornehm hoch drei.

Achgodderla, das Schicksal nahm bereits nach der Ankunft am Flughafen in Budapest für den Ludwig seinen Lauf. Dort verlor er gleich einmal seine Reisegruppe und stieg in den falschen Bus ein. Was ihm selbst aber wenig ausmachte, weil auch dieser Bus zum Hilton gefahren ist. Aber der Reiseleiter der Sonnenblumen-Poeten und die gesamte Gruppe sind am Flughafen umeinandergschderzd, wie der Franke sagt, und sie suchten jeden Winkel nach dem Ludwig ab. Und dann kam sogar eine Lautsprecherdurchsage: „Mister Ludwich aus Dinggelsbühel plies to se Kaunter" oder so ähnlich. Aber der Ludwig ist naturgemäß nicht aufgetaucht, weil er schon an der Hotelbar vom Hilton thronte und seine Einsamkeit hinunterspülte.

Nach zwei Stunden sind auch die anderen Poeten im Hotel aufgetaucht. Und es gab ein großes Hallo, als sie ihr verlorenes Schaf wiederentdeckten. Bis früh um zwei haben sie das Wiedersehen gefeiert. Dann sind alle hundemüde auf ihre Zimmer gegangen. Der Ludwig mit seinem Suriwuri, wir können auch Zünder, Preller oder Saier sagen, hat nicht einmal Licht gemacht, weil er rücksichtsvoll gemeint hat, er könne einen Nachbarn stören. Also hat er sich im Dunkeln ausgezogen, hat seine Kleider ordentlich auf Bügel gehängt, die Schranktür aufgemacht und ein Stück nach dem anderen dort hinein versenkt. Dann ist er friedlich eingeschlafen.

Der Frieden war aber am nächsten Morgen schnell vorbei. Als er nämlich an den Schrank ging, um Hose, Sakko & Co. wieder herauszuholen, musste er feststellen, dass net nur sei Sonndachs-Ooziechla, sondern auch Hemd, Unterhemd, Unterhosen, Schwaßsoggn vom Vortag und Schuhe spurlos verschwunden waren. „Diebsgsindl, ungarisches", hat er zunächst erschreckt und empört gedacht, wie er später berichtete. Und dann hat er gemerkt, dass das Fenster seines Zimmers a weng offen war. „Do weri doch net...?" Ihm ist siedendheiß geworden. Dann hat er die Bescherung gesehen: In seinem nächtlichen Ausnahmezustand hatte er das Fenster mit dem Kleiderschrank verwechselt und die ganz Woar kurzerhand hinausgeschmissen. Und dort lag sie jetzt: Auf einem Vordächla ein Stockwerk tiefer.

Natürlich war es dem Ludwig peinlich, als er an die Tür des „Untermanns" klopfte, der ein Franzose war, und dem unser Dinkelsbühler schließlich in seinem besten Englisch zu verdeutschen versucht hat, warum sein schennstes Ooziechla samt Schwaßer und Unterhosen auf dem Vordach liegt. Jedenfalls hat er das Zeug wiederbekommen und sich beim Anblick des immer wieder verständnislos den Kopf schüttelnden Franzosen geschworen, dass er in Budapest keinen Tropfen Alkohol mehr trinken wird.

An diesen Vorsatz hat er sich auch gehalten und ist am nächsten Tag früh und nüchtern ins Bett gegangen, nicht ahnend, dass ihm trotz aller Abstinenz und solider Lebensweise eine bewegte Nacht bevorstehen würde. Irgendwann mitten in dieser Nacht klingelte nämlich das Telefon neben seinem Bett. Irgendwer auf der anderen Seite der Strippe erzählte auf Englisch irgendwas von neinhandred Marks und Champagner und Zaich und Woar und schimpfte lautstark. Der Ludwig hat sich zunächst nichts dabei gedacht, leise „Dambl" gesagt und den Hörer aufgelegt.

Er war noch nicht eingeschlafen, da klopfte es heftig an der Tür und es begann ein Geschrei, dass es unseren Poeten fast aus dem Bett geschmissen hätte. Also hat er die Tür aufgemacht. Draußen standen zwei Kellner. Einer hielt in seinen Händen ein Silbertablett mit einem weißen Tüchla drauf und einer Rechnung: „Sie in Bar gezecht, Krimsekt, Wodka, Champagner, 900 Mark müssen zahlen oder Rechnung unterschreiben", schrie er. Der Ludwig war erst einmal sprachlos. „Iich hob geradzd und weider nix", schrie er schließlich zurück. Aber das haben die beiden Kellner nicht verstanden. Jedenfalls musste der Dinkelsbühler seinen Bademantel anziehen und seine Schlappen und wurde dann regelrecht wie ein übler Zechpreller abgeführt zum Geschäftsführer des Nobelhotels. Und diesem Geschäftsführer, der zum Glück a bissla Deutsch sprach, hat der Ludwig dann mit aller Deutlichkeit klargemacht, dass er in den vergangenen Stunden nichts weiter getrunken hat als a weng a Schbrazzlwasser und das nicht in der Bar. „Exkjusemie Irrtum", hat der Geschäftsführer gestammelt – und dann durfte der Ludwig wieder in sein Bett.

Auch am nächsten Tag blieb der Ludwig brav und solide, was er eigentlich ohnehin immer war. Um zehn Uhr ist er nach dem Genuss eines weiteren Fläschlas Schbrazzlwasser in das Bett gegangen. Und dann ist das Unglaubliche geschehen. Um vier Uhr früh ging dasselbe Theater los wie am Tag zuvor, nur dieses Mal sollte er eine Rechnung über 1400 Mark unterschreiben. Und wieder haben sie behauptet, der Ludwig hätte in der Bar gscheid einen draufgemacht. Der Ludwig ist ganz, ganz ruhig geblieben. Überaus sanft hat er den Kellnern an der Zimmertür klargemacht, dass er weder Champagner noch Wodka gesoffen hat und dann schmiss er den Hotelbediensteten die Tür vor der Nase zu.

Aber an Einschlafen war nicht mehr zu denken. Zu sehr bohrte und brodelte es in ihm. Also ist er aufgestanden, in seine Straßenschuhe hineingeschlupft und ist im Schlafanzug hinauf in die exklusive Bar, die damals in der Tat zu den vornehmsten in Europa zählte, nobel eben und sündhaft teuer. Und wie dann der Ludwig in seinem ebenso exklusiven Aufzug dort hineinmarschiert ist, hat sofort die Kapelle aufgehört zu spielen, die tanzenden Paare sind auseinandergestoben und ein Kellner hat ein Tablett mit den gefüllten Wodkagläsern fallen gelassen. Kurz: Es herrschte Chaos, und mittendrin stand unser fränkischer Poet im Pyjama mit Straßenschuhen an den Füßen und ohne Socken.

Die Übeltäter, die ihm nun schon zum zweiten Mal die Nachtruhe geraubt hatten, hat er dort in der Bar nicht entdeckt, aber den Geschäftsführer, welcher sich erneut untertänigst entschuldigte und dem Ludwig eine Entschädigung versprach. Die kam dann eine halbe Stunde später im Morgengrauen in Person einer jungen Dame, die zunächst bescheiden an die Zimmertür vom Ludwig klopfte, und dann mit einem Fläschlein Schampus in der Hand eine Form der Wiedergutmachung anbot, die unseren fränkischen Protagonisten fast a bissla aus der Fassung brachte. „Ich Elli. Trinken zusammen Champagner. Ich dich lieb", sagte das Fräulein und öffnete a weng ihre neckisches Kleidchen über Knie und Busen. Nun war unser Dinkelsbühler Journalist und Schriftsteller Abenteuern gegenüber im Prinzip nicht abgeneigt, aber nur, wenn sie sich für seine Kinderbücher verwerten ließen, was in diesem Fall äußerst schwer möglich gewesen wäre. Also schickte er das letztlich enttäuschte Madla mit den Worten „Lassmer mei Ruh! Iich will edz endlich weiderschlafm" unverrichteter Dinge wieder fort. Sogar den Schampus musste sie mitnehmen.

Am folgenden Tag sind die Kellner bei den Mahlzeiten nur so um den Ludwig herumgeflitzt und der Geschäftsführer hat sich weitere drei Mal entschuldigt. Bis es dann den armen Poeten doch noch einmal eiskalt erwischte. Als er nämlich vor dem Bus stand, der die Wettbewerbs-Sieger zum Flughafen bringen sollte, kam plötzlich ein Hotelboy mit einem Aktenordner und hat gerufen: „Mister Ludwig, Mister Ludwig bitte." Dem Ludwig schwante nichts Gutes und deswegen rief er nur ganz leise „hier". „Sie noch missn die Gesamtrechnung von finfunddreißigtausend Mark fier ihre Gruppe unterschreiben." Man kann sich vorstellen, was nun für ein Gelächter losgebrochen ist unter den übrigen Journalisten-Sonnenblumen-Poeten, die natürlich über die vorangegangenen nächtlichen Abenteuer unseres Ludwig bestens informiert waren und sich bereits mehrmals schlappgelacht hatten.

Käseweiß war der Ludwig, dann nahm er sein Köfferla und stieg wortlos in den Bus. Den jungen Mann vom Hotel hat er einfach stehen gelassen. Aber zumindest konnte der aufklären, warum immer gerade der Ludwig die Rechnungen für die feucht-fröhlichen Stunden seiner Mitreisenden präsentiert bekommen hatte. Alle Teilnehmer der Poeten-Reise waren nämlich auf einer Liste verzeichnet, die mit Maschinenschrift erstellt war. Nur der Name vom Ludwig stand, aus welchem Grund auch immer, handschriftlich auf dem Blatt Papier. Deshalb haben sie unseren Dinkelsbühler für den Chef der Gruppe gehalten, der für alle Rechnungen zuständig ist.

Längere Zeit, so hat der Ludwig später erzählt, hat er an überhaupt keinen Wettbewerben mehr teilgenommen. Aber dann konnte er, wie es eigentlich seine Art war, doch wieder herzlich lachen, wenn er von seinem Glück erzählte, einmal für mehrere Tage im Fünf-Sterne-Hilton in Budapest geweilt und alles durcheinandergebracht zu haben. Und dass ihn die Leute für einen stinkreichen Chef gehalten haben, der mit Tausendern nur so um sich schmeißt, sogar als er im Schlafanzug in der Nobelbar auftrat, freute ihn in der Rückschau ganz besonders.

Kapitel 2

Glückskinder, Pechvögel und andere Franken

Als sich der Schorsch aufgehängt hat

Ein Schlüsselerlebnis am Gartenzaum

Wer 45 Jahre lang als Redakteur in tagesaktuellen Zeitungsredaktionen gearbeitet hat, der hat unzählige Polizeimeldungen geschrieben und redigiert: von Mord und Totschlag, Lug und Trug. Zum Glück geht die Erinnerung an Hals- und Beinbruch, Blut und Blechknäuel in den allermeisten Fällen relativ schnell und nachhaltig verloren. Anders als bei den kuriosen Geschichten, die der Polizeibericht gemeldet hat und über die sich der Journalist schon bei der ersten Lektüre lachend auf die Schenkel geklopft hat. Wie damals, als sich der Schorsch in Ansbach aufgehängt hat.

Nein, nicht gleich greinen. Die Geschichte vom Schorsch ist nämlich nicht ganz so tragisch, wie der sensible Leser vielleicht auf den ersten Blick meinen könnte. Also das war so: Um halb zwei in der Nacht hat sich der Schorsch im damals noch existierenden Dorfwirtshaus „Zur Linde" im Ortsteil Hennenbach aufgemacht, vom Stammtisch heimzukehren. Es muss an dieser Stelle erwähnt werden, dass der mehr oder weniger junge Mann nach sechs Seidla in fünf Stunden keinen Vollrausch hatte. Aber lustig war er schon. Und deshalb hat er seinem ebenfalls recht fröhlichen Stammtischbruder Karlheinz, der ihn ein Stück des Wegs in Richtung Stadt begleitete, gezeigt, dass er ein ganz besonderes Kunststück mit seinem Schlüsselbund drauf hat.

Der Schorsch hat die gesammelten Schlüssel samt Ring nämlich am Zeigefinder so schnell kreisen lassen können, dass diese ein markantes Pfeifgeräusch von sich gaben. Und wenn der Schorsch das Tempo veränderte, verändert sich auch der Ton. Und nun behauptete der Schlüsselkünstler, seine Schlüssel könnten den River-Kwai-Marsch pfeifen, was er dem Karlheinz mehrfach demonstrierte, woraufhin dieser allerdings frech behauptete, überhaupt keine Melodie zu hören, „bloß a weng ann komischn Kreischton". Jedenfalls lachten sich die beiden Stammtischbrüder krumm über dieses musikalische Ereignis – bis der Karlheinz dann daheim war.

Der Schorsch ging alleine weiter – und übte fleißig den River-Kwai-Marsch weiter, probierte aber auch neue, spektakuläre Töne aus, bis die Fliehkraft des Schlüsselbunds am Finger etwa Schallgeschwindigkeit erreicht hatte und der Schlüssel samt Ring vom Finger flog, hoch hinein in einen Baum, der unmittelbar hinter einem Maschendrahtzaun in einem Garten stand. Natürlich ist der Schorsch ziemlich erschrocken, weil er den Schlüssel zunächst nicht mehr sah und schmerzvoll daran dachte, dass er nun wohl sei Marcha aus dem Bett klingeln muss, der er versprochen hatte, um elf wieder dahamm zu sein. Die Folgen wollte er sich gar nicht ausdenken, also hat er seinen Bergsteigerblick aufgesetzt, hat sich die Hände gerieben und ist am Zaun hoch und dann in des Baamla geklettert.

Naturgemäß war es gar nicht so einfach, in der stockfinsteren Nacht zwischen Ästen und Blättern nach einem Schlüsselbund zu suchen. Aber der Schorsch hatte das Glück, dass man all jenen zuschreibt, die ein Gläschen über den Durst getrunken haben. Vielleicht hat auch der heilige Antonius geholfen, der beim Suchen hilft, wenn man daran glaubt. Jedenfalls war die Welt vom Schorsch wieder in Ordnung, und beim Hinunterklettern musste er sogar lachen, weil ihm das alte Bergsteigerlied einfiel „Wenn wir erklimmen, schwindelnde Höhen…" Und er wollte gleich nachher versuchen, es seinen pfeifenden Schlüsseln beizubringen.

In diesem Moment ächzte und krachte es unter seinem Allerwertesten – und der Ast, auf dem er gerade stand, brach und stürzte ab, der Schorsch hinterher und zwar mit Karacho. Wir sehen als passive Teilnehmer dieser Szene den armen Schorsch nach einem Dreieinhalb-Meter-Flug schon hart auf dem Pflaster aufschlagen. Und wahrscheinlich hatte der Schorsch – so er noch denken konnte – ähnliche Ängste. Bis er einen heftigen Ruck spürte. Und dann hing er, mit dem Gürtel, der im Fränkischen ein wunderbar weicher „Gärdl" ist, an der höchsten Spitze des Maschendraht-Gartenzauns.

Was macht der Mensch, wenn sich also sein Gürtel im Draht so saudumm verfangen hat und er so unglücklich am Zaun hängt, dass er keine Chance sieht, loszukommen? Er zappelt und schreit und schlägt mit den Händen, wie eben der Schorsch. Aber es nutzt nichts. Der Schorsch hat dann allerdings noch gedacht, wie er später berichtete, „wenni edz mein Gärdl aufmachn du, haut's miich aaf die Goschn – und zwor gscheid". Also hat er beschlossen, hängenzubleiben und auf Hilfe zu warten.

Das mit der Hilfe war aber so eine Sache. Ein gutes Stündla war der Schorsch samt Schlüsselbund wohl am Gartenzaun gehangen, bis ein Auto kam. Die Frau, die am Steuer saß, hat den Schorsch zwar entdeckt, aber sie hat keineswegs angehalten. Im Gegenteil: Als sie im Dunkeln den am Zaun baumelnden menschlichen Körper sah, drückte sie wie närrisch auf das Gaspedal und raste – die glückvolle Zeit der Handys war noch nicht angebrochen – zur nächsten Telefonzelle. „Do hadsi aaner am Gardnzaun aufg'hängd, do hängd a Leich", meldete sie panisch der Polizei. Und die setzte sofort einen Peterwagen mit Blaulicht und Martinshorn in Bewegung Richtung Rügländer Viertel, wo sich das Unheil abgespielt hatte. Jedenfalls waren die Beamten, wie sie dann auch im Polizeibericht vermerkten, sehr erleichtert, dass die Leiche am Gartenzaun gar keine Leiche war, sondern der im Prinzip quicklebendige Schorsch.

Die Polli hängten den jammernden und stöhnenden Schlüsselmusiker mitleidsvoll ab, mehr konnten sie ihm nicht helfen. Das haben dann die Ärzte im Krankenhaus getan, wo der Schorsch die nächsten Tage seine Rücken- und Schulterprellung samt Gehirnerschütterung auskurierte. Einen Schlüsselbeinbruch, der in diesem Fall eventuell standesgemäß gewesen wäre, ist ihm gottlob erspart geblieben. Ebenso wie die Strafpredigt seiner Marcha, die ihn am Krankenbett nur leise ermahnte: „Des maggstmer fei nimmer!" Das versprach der Schorsch und daran hat er sich später auch zuverlässig gehalten. Zumal er, aus dem Krankenhaus entlassen, erst einmal ein Täschla für seinen Schlüsselbund kaufte und diesem damit die Fliehkraft, aber leider auch die Gabe nahm, den River-Kwai-Marsch zu pfeifen.

Loddar, der Büstenhalter

Was man im Nachtleben der Großstadt alles lernen kann

Die „Wilde Neun" war mit absoluter Sicherheit nicht Ansbachs sportlich erfolgreichste Kegelgruppe, möglicherweise aber die lustigste. Neun Mannsbilder zwischen 19 und 69, fit für alle Lebenslagen, sieben von ihnen Beamte, trafen sich wöchentlich, um auch mal außerhalb des Dienstes eine mehr oder weniger ruhige Kugel zu schieben und um fortlaufend zu beweisen, dass es nach dem dritten oder vierten Seidla auch für Amateur-Kegler noch möglich ist, den einen oder anderen Kegel zu treffen.

Höhepunkt eines jeden Sportjahres war aber der aus der Kegelkasse finanzierte Kegelausflug. In jenem Jahr, in das wir uns nun virtuell begeben, führte die Fahrt in die Fränkische, in eine Kellerwirtschaft natürlich und zur Teufelshöhle. Und von dieser naturgeschichtlichen Höhle aus ließen sich die neun Kegler abends dann in eine Höhle der Lust, also in ein Nacht- und Nacktlokal nach Nürnberg transportieren. Jeder der Kegelbrüder versicherte noch im Bus, dass ihm das erotische Nachtleben der Großstadt im Prinzip woschd is, dass er aber den anderen den Spaß net verderben möchte und halt deshalb mitgeht.

Und dann war da ja auch noch Kegelfreund Loddar, 19-jährig, von dem die acht anderen, allesamt gestandene Ehemänner, annahmen, er müsse und könne auf dem wichtigen Gebiet der Fortpflanzungstechnik noch Lebenserfahrung sammeln und lernen. Allerdings stellte sich sehr schnell heraus, dass auch die vermeintlich in diesen Fragen gut geschulten und in dieser Kunst weit fortgeschrittenen Kegelfreunde vom Loddar augenscheinlich noch nicht alle Dimensionen der Erotik kannten. Die beiden männlichen Hauptdarsteller bei der lautstarken und wilden Unkeuschheit auf der Bühne traten nämlich innerhalb von zwei Stunden gleich dreimal mit unterschiedlichen Spielgefährtinnen in Aktion. Und zwar gscheid.

Die inzwischen vom Alkohol gehörig beseelten Herren, die anfangs dem Küken Loddar gegenüber noch große Töne gespuckt hatten, waren plötzlich sehr schweigsam, bis der Karli voller staunender Anerkennung sagte: „Habbder des geseng?" Und der Lutz nickte fast begeistert: „Die misserdmer mal frong, wie die des schaffen." Dazu muss der Leser wissen, dass sich dieses Geschehen zu einer Zeit ereignete, als Viagra noch nicht erfunden und die D-Mark noch nicht abgeschafft war.

Es entspann sich nun eine Diskussion, die wir der pikanten und privaten Details wegen nicht kundtun wollen. Auch deshalb, weil wir nicht Verrat an unseren Ansbacher Kegelfreunden begehen möchten. Das Ergebnis des Disputs sei aber aufgezeigt: Die erotischen Helden aus Ansbach kamen überein, dass sie alle wahrscheinlich auch diese körperliche Leistungsfähigkeit wie die Sex-Akrobaten auf der Bühne in sich trügen, dass dieses Können und diese Ausdauer im Hausgebrauch aber keineswegs gefragt sei und deshalb nie ausgeschöpft werden müsse. Was bedauerlich, aber nicht zu ändern sei.

Der junge Loddar grinste a weng und setzte gerade an, eine hämische Bemerkung zu machen, als sich ihm eine der Künstlerinnen von der Seite näherte. Sie trug nichts weiter als a knappes Hösla. Und als sie ihre Hand auf den Oberschenkel vom Loddar legte, bekam dieser eine gscheid rote Rubm. „Du mir gefallen", hauchte sie und streichelte mit der zweiten Hand die Locken des Kegeljünglings. Nun grinsten dessen Kegelbrüder. Aber es kam noch heißer: Die junge Dame, die sich als „Susanna aus Bukarest" vorstellte, nahm Loddars Hände und legte sie sacht auf ihre sehr ausgeprägten sekundären Geschlechtsmerkmale.

Das Schmunzeln der Kegelbrüder ging nun in ein prustendes Lachen über, als sie ihren Jüngsten so als lebendigen Büstenhalter sahen. Und der war dann doch a bissla verlegen und die Wangen glühten zunehmend mehr. Aber das Madla war nicht verlegen. Es schmiegte sich nun enger und enger an den Loddar an und flüsterte: „Achtzig, achtzig..." und malte eine Acht und eine Null mit dem Zeigefinger auf den Tisch. Der Loddar ist vor lauter Schreck von der Erotik-Künstlerin weggerückt, aber sie hat ihn nimmer ausgelassen, sich auf seinen Schoß gehockt und noch einmal gewinselt: „Achtzig, achtzig..."

Inzwischen waren Loddars gesetzte Freunde doch a weng irritiert, aber immer noch äußerst belustigt. Und dann haben einige von ihnen ihrem

jugendlichen Freund doch Mut zugesprochen und ihm zugewispert: „Mensch, Loddar, ieberlech ders. 80 Mark fier suu a Weib." Und der Heiner, Schatzmeister der „Wilden Neun", hat dem Loddar angeboten: „Du, des zahlmerder aus der Kegelkasse." Also hat sich der Jüngling einen Ruck gegeben und in seinem besten Englisch geschmachtet: „Okee." Das Madla hat ihm einen Schmatz auf die Wange gedrückt, ist aufgestanden und hat wie ein Kätzla gemaunzt: „Ich gleich kommen wieder, gell."

Sie ist gleich wiedergekommen. In ihrem Arm trug sie einen Sektkübel mit einer Flasche billigsten Großmarkt-Schampus. Dieses wenig edle Getränk hat sie vor dem Loddar auf den Tisch gepfeffert. Dabei hat sie – gar nicht mehr liebreizend – gesagt: „Kosten 80 Mark, bitte gleich bar bezahlen". Da haben die Kegelbrüder aus Ansbach losgebläägd, dass die Künstlerin und der Künstler auf der Bühne spontan in ihrer Unkeuschheit eingehalten und recht ungehalten zur „Wilden Neun" hingeschaut haben.

Der Loddar aber ist aufgestanden, hat seine Verführerin „a alde Sulln" geheißen, einen Hunderter auf den Tisch gehaut und ist gegangen. Und dann ist er nicht im Bus der „Wilden Neun", sondern mit dem Zug heim nach Ansbach gefahren. Die 80 Mark haben die Kegelfreunde ihm tatsächlich aus der Kegelkasse ersetzt. Aber der Benjamin war dennoch lange a weng eig'schnappt. Bis die „Wilde Neun" nach einem besonders feucht-fröhlichen Kegelabend eine Friedenskonferenz einberufen hat.

Nach ungezählten Seidla einigten sich alle darauf, dass die Büstenhalter-Geschichte nicht nur allen Beteiligten reale Lebenserfahrung vermittelt hat, sondern auch ein politisches Exempel hätte sein können: „Erst wern die Harmlosen, wie der Loddar und wir alle, umschlichen und umgarnt", haben sie gemeint. „Dann kummd a gscheider Dunnerschloch und am Schluss, wennst arch oogschmiert bist, haaßt's, des wor alles bloß a Missverständnis." Und die „Wilde Neun" hat sich vorgenommen, künftig Obacht zu geben im Umgang mit Künstlerinnen von der Fleischbeschau und mit Politikern.

Fränkische Glückskinder

Von außergewöhnlichen Freudenbekundungen und einem musikalischen Gnadenakt

Der Franke als solcher hat eine schwierige Beziehung zu seinen Gefühlen. Nicht dass er keine hätte, aber er tut sich alleweil a weng schwer, sie zu zeigen oder gar zuzugeben, dass er tatsächlich welche hat. Das gilt zum Beispiel auch für die Freude. Den Fall ausgenommen, unser aller Club gewinnt ausnahmsweise mal, kennt der Franke eher nur äußerst verhaltene Freudenkundgebungen. Er freut sich mehr nach innen hinein. Äußerlich nimmt er, einem meditativen indischen Guru gleich, Freuden und Freudenbotschaften meist mit größter, oft schweigsamer, wenigstens wortkarger Gelassenheit hin.

So erinnern wir uns immer noch jenes Nürnbergers, der – es muss wohl in den 1980-er Jahren gewesen sein – einen Lotteriegewinn von weit über einer Million Mark gemacht hatte. Ein Freudenbote reiste aus dem fernen München an, um dem Glücklichen die Nachricht vom künftigen Reichtum zu überbringen. Freudstrahlend stand der Mann vor der Tür der Nürnberger Mietwohnung, klingelte und überfiel den glücklichen Gewinner, den wir Herr Müller nennen, weil sein Name nie bekannt wurde, mit der lautstarken Botschaft: „Gratuliere, Herr Müller, sie haben bei unserer Lotterie 1,7 Millionen Mark gewonnen. Na, was sagen sie nun?"

Der Herr Müller machte erst einmal in aller Ruhe die Tür zu, damit seine Nachbarn nicht mit langen Ohren hören konnten, wie hier das finanzielle Glück einkehrt. Dann nahm er den Scheck entgegen, sah ihn sich an, drehte ihn dreimal um, prüfte ihn, gegen das Licht haltend, auf seine Echtheit und fasste, nach der nochmaligen Nachfrage des Freudenboten aus München „Na, was sagen sie nun?" den fränkischen Freudentaumel dann in folgende Worte: „Bast scho. Dankschee. In bar hamses net dabei. Gell?"

Der Vertreter der Lotterie berichtete später, dass er so eine verhaltene und höchst ungewöhnliche Reaktion auf einen so stattlichen Geldgewinn in seiner langen Laufbahn noch nie erlebt habe. Und dass er von dieser

Art und von diesem Maß an fränkischer Gelassenheit ziemlich verwirrt war auf seiner Rückfahrt von Nürnberg nach Altbayern.

Nun mag der Betrachter dieser Szene meinen, dies sei wahrscheinlich ein fränkischer Einzelfall. Eine solche Einschätzung kann widerlegt werden: Zeitungen sind, wie wir wissen, längst mehr als nur Informationsquellen. Sie sollen auch Service für die Leserinnen und Leser bieten – und überdies unterhaltsam sein. Und zur Unterhaltung zählen unter anderem Gewinnspiele. Die „Nürnberger Nachrichten" zum Beispiel haben über einen längeren Zeitraum hinweg einmal im Jahr ein Auto verlost. Also, wer gewinnen wollte, musste an einem täglichen Bingo-Spiel im Blatt teilnehmen. Auf diese Weise wurden zehn Glückliche ermittelt, die wiederum an einem fetzigen Festla teilnehmen konnten, bei dem dann der Sieger aller Sieger ermittelt wurde, der Gewinner des jeweiligen Pkw.

Der Autor dieses Berichtes und Buches, also unsereiner, hatte die Freude und das Vergnügen, diese Verlosungen in all den Jahren moderieren zu dürfen und kann seither äußerst gut fränkische Freudenreaktionen einschätzen. Gerne erinnert er sich als Höhepunkt freudiger Sieger-Erregung an zwei herzlich-heiße Küsse von einer hübschen und jungen Gewinnerin eines Mittelklasse-Autos.

Weniger gern denkt er allerdings an eine Verlosung, bei der ein älteres Ehepaar einen Pkw gewann. Die Gewinner wurden immer, also auch in diesem Fall, so ermittelt: Jeder der zehn Finalisten zog aus einer Losbox einen Fernbedienungs-Autoschlüssel. Neun der Schlüssel waren sogenannte Dummies, also Nieten, und nur einer passte. Wer per Druck auf den Schlüssel die Wagentür öffnete, dem gehörte der Pkw.

In diesem bestimmten Jahr war dies das erwähnte ältere Ehepaar. Wie immer stieß unsereiner als Moderator erst einmal einen Jubelschrei aus, hüpfte, alles Temperament aufbietend, das ein Franke aufbieten kann, von der Bühne herunter, auf die beiden Sieger zu und rief: „Gratuliere. Sie haben gewonnen. Ihnen gehört das funkelnagelneue Auto." Keinerlei Reaktion. Noch einmal eine freudige Anfeuerung: „Gratuliere. Super." Wieder keine Reaktion. Nicht einmal ein Lächeln. „Sie freuen sich doch jetzt sicher." Pause, dann endlich eine Antwort in das Mikrophon: „Naa, net bsonnersch." Der Moderator geschockt: „Aber Sie haben doch ein Auto gewonnen!" Glückliche Gewinner: „Mir ham ja scho aans." Unser-

einer, einen heftigen Schweißausbruch fühlend: „Aber dieses ist doch neu und schön." Glücklicher Rentner: „Obba unsers is gresser."

Das Publikum begann zu lachen. Dann noch einmal der verzweifelte Versuch, dem fränkischen Paar zu vermitteln, dass der Gewinn eines Autos durchaus ein schönes Ereignis darstellt, und ihm ein kleines Wort der Freude zu entlocken, um die immer peinlicher werdende Situation zu retten: „Vielleicht haben Sie Kinder oder Enkel, denen sie das Fahrzeug schenken können und die sich sicher darüber sehr freuen." Ehepaar: „Kinder und Enkel hammer scho. Obba die ham alle scho a scheens Audo." Allmählich schwoll der Angstschweiß beim Moderieren zum Strom an, der an Stirn, Armen und Beinen herunterrieselte. Irgendwie zitterte trotz langer Bühnenerfahrung sogar die Hand mit dem Mikrophon. Der nächste schon fast krampfhaft moderierende Anlauf von den Siegern aller Sieger eine kleine Freudenreaktion zu erhalten: „Dann verkaufen Sie das Auto doch einfach und machen eine schöne Reise. Oder Sie legen das Geld an."

Wieder eine Pause. Dann eine Auskunft, die zwar Zufriedenheit und Wohlstand eines fränkischen Rentnerpaars aufzeigte, die Not eines Moderators, der nur einziges Wort der Freude über einen Autogewinn entlocken wollte, aber ins Unermessliche steigerte: „Mir fohrn nimmer fodd. Als Rentner simmer immer im Urlaub. Und mir ham aa scho gnuch Geld. Mir braung nix. Wiss'ns, mir ham immer fleißig g'ärbert und g'spart. Und mir lebm aa gscheid bscheidn. Mir essen net amal Fleisch unter der Woch'n."

Zum Glück hatte wohl der Chef der Band, die den Verlosungsakt musikalisch umrahmte, gemerkt, dass hier gerade ein als freudenreich geplantes Interview gehörig aus dem Ruder lief. Und bevor unsereiner in die reale Gefahr geriet, die einzige übrig bleibende logische Frage an das fränkische Ehepaar zu stellen: „Warum um Himmels Willen nimmt jemand an einem Gewinnspiel teil, wenn er gar net gewinnen will?", beendete ein furioses Musikstück das Interview-Drama abrupt. Ein musikalischer Gnadenakt gewissermaßen.

Im Übrigen ließ sich das Rentnerpaar später dann einen Geldbetrag als Ersatz für das Auto auszahlen und stockte damit sein Sparkonto auf. Vielleicht haben sich die beiden dann doch wenigstens a weng fränkisch, nach innen hinein, gefreut.

Der Meier maant,
des bassd scho

Warum Meinungsumfragen in Franken anders sind als anderswo

Der Franke als solcher wechselt als Fußgänger oft gerne die Straßenseite, wenn ihm die Gefahr droht, dass ihn jemand ansprechen und etwas fragen könnte. Einer Meinungsumfrage am Telefon kann der fränkische Mensch oft aber nur schwer ausweichen, weil meist sofort eine geschickte Frage im Raum steht. Also muss der Franke als solcher in eben diesen Fällen in Worten ausweichen, auf seine ihm angeborene kommunikative Zurückhaltung nämlich, um das geschwollen auszudrücken. Welche gravierenden Folgen das in der Praxis hat, erfuhr vor einiger Zeit auf irritierende Weise auch ein überregionales Meinungsforschungsinstitut, das von 1100 Bürgern Mittelfrankens, die meisten davon im ländlichen Raum, erfahren wollte, was sie davon halten, wenn in Herrieden, direkt an der Autobahn 6, ein großes, neues Factory Outlet Center entstünde.

Um es zusammenzufassen: Die Meinungsforscher waren am Schluss ihrer Forschungsarbeit irgendwie der Verzweiflung nahe, weil sie neu entdeckten, was der Franke als solcher schon längst von sich weiß: Dass er nämlich eine gewaltige und wirkungsvolle Euphoriebremse besitzt. Und diese verfälscht nach Meinung der Experten Meinungsforschungs-Ergebnisse in der Weise, dass sie immer schlechter ausfallen als die reale Stimmung. Zudem stellten die Fachleute aus dem fernen Preußen nach der Herrieden-Recherche verwirrt fest, dass der fränkische Mensch in vielen Fällen die Ansicht verficht, seine Meinung ginge im Prinzip „ka alde Sau wos oo".

Was zu Meinungsumfrage-Dialogen am Telefon führt wie dieses Zwiegespräch, das wir im Original (fast) so überliefert bekamen:

Meinungsforscher: Hallo, Herr Meier, ich rufe im Auftrag meines Meinungsforschungsinstituts an. Ich hätte sie gerne etwas zu einem wichtigen strukturpolitischen Thema gefragt.

Franke: Hää? Wos Bollidischs? Miir do am Land wähln scho immer die CSU. Ich aa und mei Madda aa, aa mei Vadder und mein Mudder ham scho die CSU…

Meinungsforscher: Nein, Herr Meier, es geht nicht um Parteipolitik. Es geht um Strukturpolitik. Genau gesagt um ein Factory Outlet Center, das bei Herrieden an der Autobahn entstehen soll. Wir wollen wissen, was Sie davon halten und ob Sie gegebenenfalls dort einkaufen würden und so weiter.

Franke: Wos soll dord fier a Ding entstehn bei Herrieden?

Meinungsforscher: Ein Factory Outlet Center, ein großes, überregionales Einkaufszentrum, wie das in Ingolstadt. Das kennen Sie doch sicher.

Franke: Maana Sie die diggn Türm bei Ingolstadt dord an der Audobahn, wo nachts die roten Lichtli brenna? Also die gfall'n mer fei net. Mei Madda modzd aa immer, wemmer dort vorbeifohrn. Naa, die wollmer aaf kann Fall.

Meinungsforscher: Nein, das ist doch die Öl-Raffinerie.

Franke: Außer dena Türm kenn iich nix in Ingolstadt.

Meinungsforscher: Herr Meier, noch einmal: Das soll eine große Einkaufsstätte bei Herrieden werden. Mit vielen interessanten, unterschiedlichen Geschäften.

Franke: Glaam Sie, dass des wos Gscheids werd, des Fäggdorie-Dings do bei uns, in unserer Gegend?

Meinungsforscher: Meine Meinung spielt keine Rolle. Ich möchte Ihre Meinung wissen.

Franke: Des geddmer fei edz alles a weng arch schnell. Wos kammer'n dord eikaafm? Gibbds dord aa Audoreifen und Kulln fier unsern Kullnofen?

Meinungsforscher: Nein, eher wahrscheinlich nicht. Das ist auf Fashion ausgerichtet

Franke: Hää? Auf wos fier a Zaich? Auf Fäschn? Also kanne Audoreifn und Kulln?

Meinungsforscher: Auf Mode halt. Die Mode soll dort dominieren.

Franke: Mein Madda und iich kaafm unser Ooziehzaich beim C&A und beim H&M. Dord gibds fei scheene Woar. Und gscheid billich. Mei Husn, die wo iich grod oohab, had mei Madda obba im Kadaloch bschelld. Stelln's siich vor, die wor noch billicher als beim C&A. Wissen's, iich bi Rendner und mei Madda is Hausfraa, do braungmer des ieberkandidelte Zaich do net. Horgn's, miir fohrn fei ned amol mit zu die Rentnerausflüch. In manche Bus kammer ja aa ned biesln geh und iich muss doch immer…

Meinungsforscher: Ja, das glaube ich Ihnen schon alles. Aber ich will ja nur wissen, ob Sie künftig vielleicht nach Herrieden fahren würden, wenn…

Franke: Naa, naa, iich geh scho immer zum C&A und zum H&M. In Herrieden hob iich noch net amol an Schnürsenkel kaffd.

Meinungsforscher: Meine Frage ist ja auch nur abstrakt gemeint, auf das Projekt bezogen und Ihre grundsätzlich Ansicht. Das Outlet Center soll vor allem ja auch Kunden von weit her anlocken, aus ganz Deutschland.

Franke: Warum frongs'n dann miich?

Meinungsforscher: Aber Sie müssen doch eine Meinung dazu haben.

Franke: Momend amol, do froch iich lieber doch schnell amol mei Fraa. Maaaddaa!

Meinungsforscher: Nein, Sie sind repräsentativ ausgewählt worden, nicht Ihre Frau. Vergeben Sie einfach eine Note zwischen eins für „sehr einverstanden" und fünf „ich lehne das Projekt ab".

Franke: Achgodderla naa. Des is fei edzerdla gscheid schwierich. Wissen's wos? Schreim's hald einfach: Der Meier maant, des bassd scho. Ade.

Kleiner Schieß und große Aufregung

Als sich in Bayreuth die Sonne verfinsterte

Es gibt Zeitgenossen, die regen sich über jeden kleinen Schieß auf. Wir kennen sie alle, die mit den hochroten Köpfen und den schrillen Stimmen, um die wir einen großen Bogen machen, selbst wenn wir sie nur aus weiter Ferne sehen.

Allerdings kommt es hin und wieder vor, dass tatsächlich und im wahren Sinn des Wortes ein mehr oder weniger kleiner Schieß für gehörige Aufregung sorgt. Wie damals an jenem schönen Frühlingsnachmittag in Bayreuth, als ein Schieß sogar die Polizei beschäftigte.

Aber bevor wir den anrüchigen Kern der Geschichte hören, müssen wir zurückblenden und den Ort wechseln: Das Drama begann in Hof. Dort gab es einen Handelsvertreter für Fensterrahmen, der wöchentlich mehrmals Franken von Norden nach Süden und von Osten nach Westen bereiste. Und da er nicht gerne alleine unterwegs war, lud er immer wieder einmal seine Frau und seine betagte Schwiegermutter ein, mit ihm auf Tour zu gehen. Manchmal verbanden die Leutchen das mit einem kleinen, den Tag abschließenden Ausflug, vor allem wenn die Geschäfte gut gelaufen waren.

Auch an besagtem Frühlingstag packte also der Vertreter Gattin und Schwiegermutti (82 Jahre alt) in den VW-Bus und startete von Hof aus Richtung Bayreuth. Nun gilt zu beachten, dass 82-jährige Damen in vielen Fällen einen relativ trägen Darm besitzen und diesen dann, wenn die Trägheit überhandnimmt, mit Perlen, Pillen oder Saft in Schwung bringen.

Problematisch allerdings kann es werden, wenn man die Verdauung kurz vor einer Ausflugsfahrt ankurbelt. Zumal einerseits Darmol & Co. oft dem Verdauen in Form einer gefährlich flüssigen Konsistenz und nicht unerheblichen Druckwellen nachhelfen, zum andern aber die Schließ-

muskeln des alternden Körpers diesem einem Vulkanausbruch im Bauch gleichenden Ereignis nicht immer ausreichend gewachsen sind.

Schon zehn Kilometer vor Bayreuth jedenfalls kündigte sich bei der Oma aus Hof das Gewitter an. „Mir senn ja glei in Bayreuth", versuchte unser Handelsvertreter seine Schwiegermutter zu (ver-)trösten, was zunächst auch erfolgreich war. Das sich ankündigende Unwetter im Darmbereich ebbte zunächst ab, kam aber umso heftiger wieder, als das Auto des Geschäftsmanns mit den beiden Frauen an Bord bereits am Straßenrand in Bayreuth stand und der Mann in einem benachbarten Haus Verkaufsverhandlungen führte.

„Ich halt's nimmer aus", stöhnte plötzlich die alte Dame, riss die Autotür auf, verschwand hinter einem Zaun in einem Garten, hockte sich an der nächstbesten, wie sie meinte, unauffälligen Stelle nieder und ließ den Naturgewalten ihres Darms freien Lauf. Was sie in ihrer Aufregung nicht erkannt hatte, war die Tatsache, dass sie in eine gewerbliche Gärtnerei geraten war. Und dass der vermeintlich versteckte Platz ein ganz besonderer – und ganz und gar nicht versteckter war.

Die Frau hatte sich in ihrer Not und Aufregung nämlich just über einem in die Erde versenkten und auf Bodenniveau mit Glasfenstern versehenen Gewächshaus niedergelassen. Und unten drinnen war zu jener unseligen Stunde unglücklicherweise ein Gärtner zugange. Der glaubte nicht recht zu sehen, als plötzlich ein stattlicher Poppes den Sonnenschein in einer der Scheiben verfinsterte und diese Scheibe danach auch noch auf – im wahren Sinn des Worts – schleierhafte Weise ihre Durchsichtigkeit und ihren Glanz verlor.

Das ärgerte den Gärtnersmann so, dass er die nächstbeste Schaufel zur Hand nahm, von unten gegen besagte Scheibe schlug und schrie: „Hau bloß ab, alde Zulln!" Die so Angesprochene erschrak aber dermaßen, dass sie aus ihrer Hocke nach hinten kippte und beim Aufprall des Allerwertesten das Fensterglas zerschlug. Die alte Dame besann sich sofort all ihrer Spannkraft, schnellte trotz mehrerer leichter Verwundungen am Südpol hoch, wie eben eine 82-Jährige hochschnellen kann, und rannte, die mächtige Unterhose an den Knien haltend, auf und davon.

Der Gärtner nahm mit einem Besen in der Hand die Verfolgung auf – und war naturgemäß, da 40 Jahre jünger als die Ausreißerin, alsbald erfolgreich. Während die Schwiegermutter, das Prachtstück von Unterwäsche immer noch am Knie festhaltend, das Auto besteigen wollte, hatte sie der Mann am Schlawittla. Was wir hier im Rückblick eher als komödienreife Szene einstufen, das hielt der Gärtner keineswegs für einen Spaß. Er holte die Polizei und erstattete Anzeige wegen Landfriedensbruch, Sachbeschädigung und Erregung öffentlichen Ärgernisses.

Zum Glück für die alte Dame und ihre beiden Begleiter gibt es aber Polizeibeamte, die sich nicht über jeden kleinen Schieß aufregen. Sie beschwichtigten den wutschnaubenden Gärtnersmann und schlugen vor, dass man auch angesichts der objektiv unbestreitbaren Notsituation der Oma einen Kompromiss aushandeln sollte: Der Schwiegersohn rückte folglich als Schadenersatz einen Fünfziger heraus, dem er dem Gärtner in die Hand drückte, die alte Dame entschuldigte sich, der Geschädigte nahm die „Zulln" zurück und die Polizisten verzichteten auf eine Anzeige.

Zum Glück vermeldete der Polizei-Pressebericht am nächsten Tag das dramatische Geschehen, sonst könnten wir es hier und heute nicht nachlesen – und uns nicht darüber amüsieren.

Kapitel 3

Einfach tierisch

Hundsgemeiner Vatertag
Ein Ausflug und sein tierisch komisches Ende

Der Vatertag ist heutzutage auch nicht mehr das, was er einmal war. Zumindest in der Erinnerung, die fast alles glorifiziert, was vormals geschah, war er vor gar nicht allzu langer Zeit ein Massenereignis größten und schönsten Ausmaßes. In dieser Erinnerung nämlich sind an Himmelfahrt die Väter – und nicht nur die – in Scharen hinausgezogen in die schöne, freie Natur, um sich dort, ausgerüstet mit einem Ladderwächala und einem Fässla Bier oder zwei oder drei davon, wenigstens einmal im Jahr eine Freude zu bereiten. Dieses Freudenfest endete zwar meist mit einem gscheidn Zünder und Blasen an den Füßen vom Wandern, aber es war ein absolutes Muss. Und nur der durfte sich guten Gewissens weiterhin „Mann" nennen, der dabei war und anschließend trotz Granatenrauschs wieder heimgefunden hatte in die Arme der Gattin und in die heile Welt der Familie.

Die Kegelgruppe „Wilde Neun" in Ansbach gehörte jedenfalls zu den fröhlichsten und ausgiebigsten Vatertags-Feierern, wahrscheinlich sogar weltweit. So auch in jenem Jahr, als die neun Herren schon früh am Morgen des Himmelfahrtstags losmarschierten. Das Ziel war ein Wiesla ein paar Kilometer nördlich der Stadt. Und kaum waren die Kegelbrüder mit ihrem Ladderwächala samt Bierfass und Brotzeit in der Altstadt gestartet, gesellte sich ein Begleiter zu ihnen, den sie nicht geladen hatten: ein Hund nämlich, genauer gesagt eine Promenadenmischung, eine lustige dazu. Damit passte das Tier bestens zur „Wilden Neun", die auch schon recht fröhlich war, weil sie sich bereits einen sehr frühen Frühschoppen geleistet hatte.

Das Hundetier trottete jedenfalls einfach mit den Männern mit und war guter Dinge. Was sich noch steigerte, als der Hans-Karl auf die Idee kam, dem vierbeinigen Begleiter schon mal was von den Weißwürsten abzugeben, die für das Zweit-Frühstück auf der Waldwiese bestimmt waren. Der Hund, der von seinen neuen Freunden schnell den Namen Bello erhielt, schlang die Würste in Nullkommanichts in sich hinein und war fortan von den Spendern so begeistert, dass er ihnen keinen Meter mehr von ihrer Seite wich.

Und so kamen sie alle gemeinsam bei der Festwiese an, wo die „Wilde Neun" bereits am Abend zuvor ein richtiges, zünftiges kleines Bierzelt aufgestellt hatte: mit Grill und Lagerfeuer vor dem Eingang und Bierzapf-Stelle daneben. Also luden die Kegelfreunde feierlich ihr Fässla ab und zapften es mit großem Geschrei und Gelächter an. Unter den Zapfhahn stellten sie eine kleine Schüssel, also a Schüssala, um ja keinen einzigen Tropfen des köstlichen Gebräus verloren zu geben und in die Wiese fließen zu lassen. Dann ging die Vatertagsfeier richtig los. Der Bello war von dem Gschraa augenscheinlich a bissla verstört und schlich eher ängstlich um das Zelt herum. Und bald war die „Wilde Neun" so in Feierlaune, dass sich keiner mehr um das Hundetier kümmerte.

Bis nach etwa zweieinhalb Stunden der Bello das Zelt betrat – und zwar in einer sehr eigenartigen Gangart. Er schwankte nämlich von einer Ecke zur anderen und bellte nicht mehr, wie zuvor, sondern stieß eher merkwürdige Laute aus wie „wechwieh", „wuch" oder „woiing". Die Herren der „Wilden Neun", von denen jeder schon mehr als einen klein zu nennenden Saier hatte, quittierten den ungewöhnlichen Auftritt ihres vierbeinigen Freundes mit einem Gelächter, dass die Zeltwände wackelten. Der Bello indes schämte sich offenbar und verließ mit hängendem Kopf und einem beleidigt klingenden „Wrrkkklllpfff" auf der Zunge das Zelt.

Sein Weg führte ihn schnurstracks zum Fässla hin, wo sich der Hans-Karl gerade – immer noch herzlich lachend – ein neues Mäßla einschenkte. Mein lieber Herr Gesangverein, da ist das bis dahin friedliche Hundchen plötzlich zu einer Bestie geworden und hat den Kegelbruder angehüpft und angeknurrt, sogar richtig bellen konnte der kleine Kerl plötzlich wieder. Der Hans-Karl wusste zunächst gar nicht, warum das Viech derart ausrastet, dann hat er es gemerkt. Den Hund zog es mit großen, feurigen Augen an das Fässla, besser: an die Bier-Auffangschale darunter, die das Tierlein wahrscheinlich in den zweieinhalb Stunden zuvor schon 15 bis 20 Mal ausgeschlabbert hatte.

Der Hans-Karl stellte die Schale daraufhin sofort weg, was einen neuen Wutanfall von Bello auslöste und bei seinem zweibeinigen Freund die Erkenntnis brachte: „Der führt siich ja aaf, wie a Algoholigger, dem womer a poor Toch nix zum Saufm gebm hat." Kurz: Im Hans-Karl stieg der Verdacht auf, dass er einen stinkbsuffnen Hund vor sich hat. Dieser Verdacht verfestigte sich noch, als der Bello plötzlich speite, was der mit Weißwürsten und Bier gefüllte Magen hergab, und die Augen verdrehte. Er machte noch einmal „Wchrrrr", streckte alle Viere von sich und rührte sich nicht mehr.

Achgodderla, war das eine Aufregung bei der „Wilden Neun". Plötzlich schlug die Heiterkeit bei einigen der Kegelbrüder um. Der Schorsch fing gar an zu greina, weil er sicher war, der Bello habe infolge einer Alkoholvergiftung das Zeitlich gesegnet und er, der Schorsch, trage eine schwere Mitschuld. Der Werner, der zwar kein Tier-, sondern ein Menschenarzt war und sich deshalb schwertat, den Hunde-Puls zu finden und zu fühlen, behauptete aber, „des Viech schnauft scho noch a weng. Obba des muss sofort zum Tierarzt, sonst isses wahrscheins hie!"

Der Hans-Karl und der Schorsch packten die vierbeinige Alkoholleiche, legten sie auf das Ladderwächala und verließen das rauschende Vatertagsfest im Sauseschritt, so viel jedenfalls ihr eigener Alkoholpegel hergab, Richtung Stadt – und Polizei. Dort auf der Inspektion stießen die beiden Kegelbrüder, Fahne voraus, zunächst auf wenig Verständnis, als sie dem diensthabenden Beamten mit leicht schwerer Zunge berichteten, dass sie einen bsuffnen Hund draußen in ihrem Ladderwächala liegen haben, der dringend Hilfe brauche. Weil der Polli dem Missverständnis unterlag, der „bsuffne Hund im Ladderwächala" sei ein zweibeiniger Alkohol-Patient und ein Freund der beiden angesuppelten Hilfesuchenden, riet er fast liebevoll: „Brengt'n halt zu seiner Fraa. Und dann gedder selber schee hamm und schlaft eiern Rausch aus."

Nach einigen weiterhin ergebnislosen Diskussionen eilte der Schorsch energisch aus der Wache, nahm den Bello auf den Arm, trug ihn in das Büro und legte den Alkohol-Leichnam auf den Tresen. Nun war das Missverständnis zwar geklärt, aber der Fall noch nicht gelöst, zumal der Bello just in diesem Moment die Augen leicht aufschlug und a weng winselte. „Des is doch ka Fall für die Polizei, sondern für einen Tierarzt", meinte der Polli und fing an, telefonierend Hilfe zu suchen. Doch offenbar feierten auch alle Tierärzte Vatertag und der Tier-Notarzt war „derzeit nicht erreichbar". Bellos Herrchen oder Frauchen waren ebenfalls feiertagsbedingt über die Hundemarke nicht auszumachen.

Da hatte der Hans-Karl die Idee des Vatertags schlechthin: „Duns'n Bello halt nei die Ausnüchterungszelle." Der Polizist wehrte vehement ab. Das sei gegen die Vorschriften. Und: Noch nie hätte diese Ausnüchterungszelle einen vierbeinigen Gast gesehen. Als dann der Bello erneut erbärmlich winselte und der Schorsch und der Hans-Karl dem Polizisten klarmachten, dass der Hund wahrscheinlich einen gscheidn Kater habe und ziemlich leide, ließ sich der Beamte, möglicherweise in Erinnerung eigener einschlägiger Erfahrungen, dann doch erweichen. Und so landete Bello zumindest als erster Hund Frankens – vielleicht sogar der ganzen Welt – zur Ausnüchterung in einer polizeilichen Arrestszelle.

Der Aufenthalt dort dauert im Übrigen nicht lange, weil wenig später das verzweifelte „Frauchen" eine Vermisstenanzeige nach Bello, der in Wahrheit „Argor" hieß, bei der Polizei aufgab. A weng geschimpft hat sie ihn schon, den angeschlagenen Ausreißer, als sie ihn abholte, aber den armen Sünder dann doch liebevoll und mitleidig davongetragen.

Die Frau vom Hans-Karl hingegen ließ weder Mitleid noch Gefühle tiefer Zuneigung erkennen, als der Gatte, eben auch a weng angeschlagen, wieder nach Hause kam und die unglaubliche Geschichte erzählte vom Hund, der einen gscheidn Saier hatte. Die Gattin regte sich angesichts deutlicher Anzeichen einer Alkoholisierung jedenfalls gscheid auf, um das milde auszudrücken: „Wos ihr in eierm Suriwuri fier a bleeds Zaich daherwaafd", erklärte sie ungläubig, als sie die Story hörte. Und dann ordnete sie streng an: „Schau, dassd nei dei Bedd kummst – du bsuffner Hund." Was der Hans-Karl ziemlich ungerecht fand, weil er eher ein Lob für seine aufopferungsvolle, lebensrettende Tat erwartet hatte. Und so konstatierte er, unwillig den Schlafanzug überstreifend, dass auch der Mensch, namentlich der Mann, manchmal ein Hundeleben hat, wenn er von der Göttergattin angekläfft wird.

Der Killer mit der Schaufel

Von Erzfeinden und Sehschwächen im Schrebergarten

Der Mensch, der Stadtmensch vor allem, der keinen Maulwurf höchstpersönlich kennt, reiht die kleinen Wühler vermutlich unter die Rubrik „possierliche" oder „niedliche" Tierchen ein. Der Hobbygärtner indes, der auf seiner Scholle immer wieder sehr intim und direkt Bekanntschaft macht mit Grabowski & Co., zählt diese eher zu seinen Erzfeinden. Wie es damals auch der Rudi tat, jener Gärtnersmann aus einer Laubenkolonie im Nürnberger Süden.

Ärger ist ein viel zu mildes Wort, um das zu beschreiben, was sich in dieses Gärtners Seele abspielte, wenn zum wiederholten Mal ein solches Schaufeltier Rudis Schrebergarten zur Heimstatt gewählt und mit Wucht und Schwung überall dort in den Beeten und Rabatten gewühlt hatte, wo es nach viel gärtnerischer Müh' und Arbeit am gepflegtesten aussah.

Trotz aller Feindschaft haben ein Hobbygärtner im Rentenalter und ein Maulwurf freilich bisweilen eine Gemeinsamkeit: die Sehschwäche. Das Wühltier kommt trotzdem ganz gut ohne Hilfsmittel über die Runden. Der Rudi indes brauchte eine Brille. Bei der Gartenarbeit aber störte ihn das Nasenfahrrad oft. Deshalb steckte er es beim Umgraben und Jäten, beim Pflanzen und Gießen stets in die Hosentasche oder in die Brusttasche des Hemdes.

Allerdings reichte Rudis Sehstärke immer noch gut aus, um an manchen Tagen auch ohne Augengläser zu erkennen, dass Erzfeind Grabowski wieder ganze Arbeit geleistet hatte: Wühlen, graben, graben, wühlen – und wunderschöne, dunkelbraune Häufla aufwerfen. Wie damals, als der Rudi mit hochrotem Kopf einem seiner ungebetenen Gäste den Krieg mit den Worten erklärte: „Waddner, wenn i di erwisch!"

Mit weiteren üblen Drohungen auf den Lippen wie „Iich breng diich um, iich mach diich kalt", inspizierte unser Hobbygärtner daraufhin – mordlustig den Spaten in der Hand – Maulwurfshügel für Maulwurfshügel: bei den Zucchinipflanzen, im Karottenbeet, bei den Tomaten, beim Lauch, unter den Obstbäumen, in der akribisch gepflegten Wiese mit den exakt geschnittenen, zarten Grashälmlein um drei riesige Maulwurfshügel herum, schließlich wieder beim Zucchini.

Mit den Worten „Edz hobbi di, du Hundsgribbl", leitete er dann den Moment der gnadenlosen Rache ein. Unter einem der mächtigen Zucchiniblätter unmittelbar neben dem größten Maulwurfshaufen im Garten ragte nämlich unbeweglich und bedrohlich etwas Spitzes, Dunkelbraunes hervor. Der Gärtnersmann vermeinte sogar ein freches Grinsen zu sehen und zweifelte keine Sekunde daran, dass dies die vorwitzige Schnauze von Meister Grabowski ist. „Edz hast ausg'wühlt", frohlockte der Rudi, holte mächtig mit dem Spaten aus – sensible Tierfreunde sollten diese Zeilen vielleicht überspringen – und schlug erbarmungslos zu. „Knack." Noch einmal ausgeholt. Der Gnadenschlag. „Klirr." Warum eigentlich „klirr"?

Mal nachsehen. Dachte auch der Rudi. Aber mit Brille. Also begann unser Nürnberger Hobbygärtner in der einen Hosentasche zu kramen, dann in der nächsten, danach in der Gesäßtasche, schließlich in der Brusttasche des Hemds. Nix. „Da hab' i doch net etwa...?" Doch. Er hatte. Kniend entdeckte der Gärtnersmann, was der findige Leser bereits ahnt: Er hatte nicht den frechen Maulwurf gekillt, sondern seine eigene Brille. Das Gestell zweigeteilt, die Gläser zu tausend Scherben zerschmettert.

Seither lief Hobbygärtner Rudi übrigens mit Augengläsern aus unzerbrechlichem Kunststoff herum und mit Sportbügeln fest hinter dem Ohr. Auch beim Gärtln ließ er die Sehhilfe auf – und zur Maulwurfsjagd. Allerdings blieb er trotz dieser Aufrüstung auch die nächsten Jahre vollkommen erfolglos bei seinen kriegerischen Handlungen. Inzwischen hat der Rudi seinen Schrebergarten aus Altersgründen längst aufgegeben und wenn er lachend die Geschichte von seinem Krieg gegen die Maulwürfe erzählt, schließt er immer mit der Erkenntnis ab, „dass Maulwürf scheins gar ned so bleed sinn" und dass er eigentlich froh ist, waal er nie „ann erwischd hat".

Lustlose und Lustvolle

Von sexuellen Pflichten und
einem fränkischen Problemfall

Wenn man zu einem Franken sagt, er sei ein Stier, so muss man mit eher unwirschen Reaktionen rechnen – oder mit ein paar Drümmer Maulschelln, vor allem, wenn bei dem Angesprochenen die Zahl der vertilgten Seidla den Pegel vier bis sechs erreicht oder gar überschritten hat. Sagt man von einem Stier, er sei ein Franke, so ist das ein Kompliment. Der fränkische Stier nämlich ist für seine Manneskraft und Schönheit weltweit berühmt. Und jede Kuh zwischen dem schottischen Hochland und der argentinischen Pampa wünscht sich im Prinzip nichts sehnlicher, als einmal im Leben von einem solchen Franken geliebt zu werden.

Wen wundert es da, dass selbst die Oberbayern ihre Stiere aus Franken holen. Wie die Gemeinde Ohlstadt, die sich ihren Gemeinde-Stier im Kreis Weißenburg-Gunzenhausen erwarb. Das Tier hörte auf den schönen Namen Maxl, war ein Bild von einem Stier, ein Adonis aus dem Tierreich und brachte es schließlich aus nachfolgend lustvoll geschildertem Anlass bis in die bundesweiten Schlagzeilen.

„Gemeinde-Stier?", mag der geneigte Leser nun fragen. Ja, es gibt Städte und Gemeinden, die sich luxuriöse Freizeitbäder leisten, andere defizitäre Theater. Und wieder andere einen gemeindeeigenen Deck-Stier. Ohlstadt im Kreis Garmisch-Partenkirchen gehört zu jenen Orten, die sich ein solches Luxustier halten, um den Kühen dortselbst den mittlerweile üblichen, aber wenig beglückenden Akt der künstlichen Befruchtung zu ersparen und durch das viel angenehmere Naturereignis zu ersetzen.

Was dem fränkischen Maxl als Hauptakteur der oberbayerischen Bummelstation zunächst offenbar auch Freude und Genugtuung bereitete, fleißig und lustvoll zeigte er sich, wie zu erfahren war. Allerdings nur zunächst. Eines Tages nämlich wurde der Deck-Stier zum Problem-Stier. Ihm mangelte es augenscheinlich unversehens an der Fleischeslust. Dabei war der Maxl erst drei Jahre alt, stierisch gesehen im besten Mannesalter sozusagen. Doch wenn die Kuh kam, mochte sie auch noch so schön sein, wollte er nicht mehr, wie er sollte.

So erfuhren wir nach eingehender Augenzeugenbefragung folgendes besorgniserregende Detail aus Maxls Liebesleben: Während die meisten seiner Art- und Altersgenossen ihren sexuellen Einsatz in flotten fünf Minuten erledigen, mussten die Bauern (besser gesagt: die Kühe) im Fall Maxl oft eine geschlagene halbe Stunde und mehr warten, bis sich der müde Krieger aufraffte, sich träge zur Kuh bewegte, um dann recht widerwillig das zu tun, was alle von ihm erwarteten. Was noch schlimmer war: Oftmals tat der Maxl gar nix. Oder besser: Bei ihm tat sich gar nix.

Die Experten waren ratlos angesichts dieser tierischen Libido-Probleme. Der eine oder andere Fachmann vertrat allerdings die Meinung, der triebschwache fränkische Stier sei vielleicht so triebschwach gar nicht, sondern nur wählerisch in Sachen Sexualpartnerin. So unter dem Motto: „Was soll ich'n mit so aaner bleedn Kuh?" Andere konstatierten, der Maxl könne Heimweh nach Franken und seinen fränkischen Mädels, also Kühen, haben, was wir verstehen könnten.

Jedenfalls musste der Maxl Schlimmstes befürchten. Sogar das Wort „Metzger" stand im Raum. Und schließlich wurde er vom Amt des Gemeinde-Stiers enthoben. Ein äußerst seltener Vorgang im kommunalpolitischen Geschehen, sogar bundesweit. Jedenfalls sind schon mehr Bürgermeister und Landräte im besten Mannesalter abgesetzt worden als Gemeinde-Stiere der leistungsfähigsten Altersklasse.

Der Maxl bekam dann einen überaus potenten Nachfolger und er selbst Asyl auf einem Gnadenhof. Dort ist er seither gottlob aller sexuellen Pflichten ledig. Er steht ohne Liebes-Stress auf einer idyllischen Weide im Bayerischen Wald – und ihm zur Seite eine äußerst ansehnlich Kuh namens Vroni, auch ein Problem- und Asylfall.

In dieser Situation aber droht dem Maxl erneut Ungemach: Sollte es wider Erwarten passieren, dass die Vroni in ihm jene Gefühle weckt, die viele andere Kuh-Schönheiten nicht auszulösen in der Lage waren, dann soll – damit die Vroni ihre Ruhe hat – ritsch, ratsch, aus dem Stier Maxl der Ochse Maxl werden. Achgodderla naa, so a Rindvieh is manchmal halt aa nur a arme Sau.

Casanova und Adonis

Als ein verwaister Harem im Hühnerhof trauerte

Und da wäre noch der spektakuläre „Fall Hahn". Es ist bis heute nicht bekannt, ob damals, so Mitte der 1990-er Jahre, der Hunger den oder die Täter trieb, oder ob böse Buben – oder einer von ihnen – einfach der blendenden Schönheit eines Prachthahns nicht widerstehen konnten. Jedenfalls fehlte in einem Hühnerstall bei Bamberg plötzlich und unerwartet ein Zuchthahn vom stolzen Stamm des „Gallo Italiano", der den bezeichnenden Namen „Casanova" trug. Die Polizei ging von Kidnapping aus. Und die Entführung aus dem oberfränkischen Kleingarten sorgte nicht nur bei den betroffen gackernden Gattinnen des Opfers für Aufregung, sondern auch in der Menschenwelt, bei Polizei, in den Medien, aber auch unter Tierfreunden und Nachbarn, von denen mancher im Zuge der Affäre zum petzenden Denunzianten wurde. Davon später mehr.

An dieser Stelle mag der Leser von heute jedenfalls ungläubig den Kopf schütteln und rechnen: Ein halber Kochlöffel-Giecher kostet dreifünfzig oder so ähnlich, ein ganzer vielleicht sechsneunundneunzig. Und er ist schon geschlachtet, gerupft, ausgenommen, gewaschen, desinfiziert und gegrillt. Wie konnte also anno dunnemals in Oberfranken ein Aufstand um einen gemopsten Hahn entstehen, der zwar hübsch anzusehen, aber nicht einmal essfertig war?

Und doch: Die Aufregung um den dereinst vermutlich ruchlos Gemeuchelten war aus mehreren Gründen berechtigt. Zum einen trauerten, wie der Polizeibericht damals mitfühlend vermerkte, die vier Hennen eines Harems tief um ihren geflügelten Casanova. Zum anderen verkörperte der Schöne einen Wert, der den eines Kochlöffel-Giechers weit übertraf: nämlich 680 Mark.

Aber dann war da noch etwas Besonderes, etwas Schockierendes: Der kleine Italiener war nämlich als außergewöhnliches Zuchttier ausschließlich dazu bestimmt, sich fortzupflanzen und keineswegs dazu, im Koch-

topf zu landen. Wer sich aber in dieser Intensität fortpflanzt, wie der Casanova vom Bamberger Hühnerhof, der muss fit, potent und deshalb hormonell auf höchster Höhe sein. Deshalb war der Bursche in den Tagen vor seinem Verschwinden wieder einmal bis zur Halskrause abgefüllt worden mit chemischen Potenz-Bomben. Heute würde man vielleicht sagen, das Federtier sei eine wandelnde Packung „Viagra extra stark" gewesen, ach was, eine ganze wandelnde Jahresration davon. Das Hauptproblem bestand allerdings darin, dass das Hühner-Viagra aus den 1990-er Jahren, wie die Polizei seinerzeit warnend über Zeitungen, Rundfunk und Fernsehen mitteilte, für den menschlichen Verkehr, pardon, Verzehr gänzlich ungeeignet war und gravierende Folgen hätte bewirken können. Die Ordnungshüter beschrieben diese Gefahren damals zwar nicht im Detail, aber mit einiger Fantasie kann man sie sich gut vorstellen.

Jedenfalls trafen nach den Aufrufen und Warnmeldungen der Polizei etliche Täter-Hinweise, um nicht zu sagen Denunziationen bei den regionalen Polizei-Dienststellen ein, aber auch in Zeitungsredaktionen, wie bei den Nürnberger Nachrichten. Im Bereich des nördlichen Mittelfrankens beispielsweise behauptete ein Mensch, sein Nachbar habe just seit dem Verschwinden von Casanova einen neuen, daueraktiven Hahn, der jedes seiner schier unendlich vielen tierisch-sexuellen Erfolgserlebnisse mit lautstarkem Gekrähe und Gegackere begleite. Und der zudem jeden Morgen noch vor vier Uhr stolz sein ausgiebiges Liebesleben mächtig krähend und ausdauernd ankündige. Was für den Menschen, der dies regelmäßig miterleben müsse, überaus nervig sei.

Bei den amtlichen Recherchen stellten sich die Angaben des mitteilenden Nachbarn als „in vollem Umfang zutreffend" heraus. Nur handelte es sich bei jenem für Furore auf dem Hühnerhof sorgenden Potenzbrocken nicht um den gesuchten Casanova, sondern um ein Tier namens Adonis, der kein aufgeputschter „Gallo Italiano", sondern ein stinknormaler, naturbegabter deutschstämmiger Wald-und-Wiesen-Hahn war.

Und schließlich lag noch eine weitere schwerwiegende Verdachtsmeldung vor: In einem Nachbarort jenes Dorfs, aus dem Casanova verschwunden war, hätten zwei ortsbekannte Junggesellen, die sich schon in der Vergangenheit den einen oder anderen makabren Scherz geleistet hatten, kurz nach Bekanntwerden der Entführung zu „Coq au vin", also

Hähnchen im Wein, eingeladen und nach dem Öffnen der fünften Flasche fränkischen Rotweins lachend behauptet, die Gästeschar hätte neben anderen Giechern gerade eben auch den polizeilich gesuchten Casanova mit aufgefuttert. Bei der späteren amtlichen Vernehmung indes gaben die Beschuldigten dann an, an jenem Abend zwar „a weng an Zünder" gehabt zu haben, aber auf keinen Fall den Casanova im Kochtopf. Das sei alles nur „a Witzla" gewesen. Die Ordnungshüter mussten ihnen das schließlich glauben, weil alle wichtigen Spuren des Coq-au-vin-Festlas restlos beseitigt, also weit überwiegend den Weg alles Verdaulichen und Vergänglichen gegangen waren. Und dies ohne alle auffälligen Folgen.

Jedenfalls wurde das Rätsel um den italienischen Casanova vom Hühnerhof bei Bamberg nie gelöst. Es blieb ein Mysterium bis heute. Wir fürchten halt, dass irgendwo in Ober-, Mittel- oder Unterfranken, vielleicht auch bei den Nachbarn in der Oberpfalz (die in solchen Fällen immer verdächtig sind) seit jener Zeit ein Mensch herumläuft, dem Federn am Bürzel gewachsen sind. Oder der jeden Morgen nach dem Aufwachen kräht. Oder der sogar Eier legt. Oder der erotisch überhaupt nicht zu stoppen ist. Sachdienliche Hinweise auf solche Fälle nimmt – wahrscheinlich – auch jetzt noch gerne und vermutlich mit einiger Heiterkeit jede fränkische Polizeidienststelle entgegen.

Herzkirschen, Herzkaschber und ein Vogelschreck

Was man nicht alles gegen ungebetene Gäste tut

Der Kleingartenbesitzer als solcher ist bisweilen ein armer Tropf. Nicht nur die Schnecke, die Ameise, der Maulwurf und die Wühlmaus machen ihm das Leben zur Qual, sondern auch der Herzkirschenbaum tut es. Ja, gerade so einer, wie er im Reihenhausgarten vom Herbert in Erlangen steht.

Im Prinzip ist es natürlich nicht der Baum persönlich, der dem Herbert Ärger macht. Vielmehr sind es die Scharen von ungebetenen Gästen im Baamla, die während der Kirschenzeit den Reihenhaus-Gärtner zur Verzweiflung treiben: Frech bedienen sich die Stare und Amseln, sobald die Kirschen in Herberts Garten auch nur einen Hauch von roter Farbe zeigen. Es gab Jahre, da ließen die gefiederten Vielfraße dem Kleingärtner nicht einmal ein einziges Kerschla zum Probieren übrig.

Dabei kämpfte dieser in jeder Saison mit vielfältigsten Methoden und Strategien gewissermaßen um jedes einzelne Früchtla. Anfangs stellte er sich im Frühsommer stundenlang als lebende Vogelscheuche unter seinen Herzkirschenbaum und versuchte, Amsel, Drossel, Fink und Star mit Lauten und Bewegungen zu verscheuchen, wie wir sie von den Eingeborenen-Tänzen aus dem Urwald kennen. „He, he, he", schrie er oder „hou, hou, hou", badschde dazu in die Hände und hüpfte wie ein Gaßbock von einem Bein auf das andere.

Was noch harmlos war. Wenn es die Vögel gar zu bunt trieben, verlor's Herbertla auch schon mal die Kontenance: „Ihr Dreegbärn", rief er dann, „elends Gschwärl" oder „ihr Hundsgribbl". Die Vechala hörten sich alles aus sicherer Entfernung an und klauten wieder los, sobald der Herbert durch die Terrassentür ins Hausinnere verschwunden war.

In einem Versandhaus-Katalog glaubte der Geplagte dann eines Tages, die Lösung seines Problems gefunden zu haben: in Form eines Instru-

ments namens „Vogelschreck". „Kleine Metallstangen, die, im Baum hängend, bei jedem Windhauch aneinanderschlagen und die Vögel durch die klirrend-schrillen Töne vertreiben", hieß es in der Werbung. In der Realität aber vertrieb der permanent schrecklich scheppernde „Vogelschreck" nicht einen einzigen frechen Star und erst recht keine diebische Amsel. Dafür verscheuchte er aber wochenlang den Nachtschlaf vom Herbert. Eines Tages landete die scheppernde Nervensäge aus dem Kirschbaum dann im Müll.

In dieser Situation kam ein Tipp von Stammtischbruder Gerch gerade recht. Sein Großvater, so berichtete der Gerch, hätte Amseln und Stare erfolgreich aus dem Kirschbaum vertrieben, indem er Salzheringe dort aufgehängt hat. Und so schmückte der Herbert – wie andere Leute ihren Christbaum mit Kugeln schmücken – sei Kerschbaamla mit neun dicken, fetten Heringen.

Genau zwei Tage und zwei Nächte genoss der Reihenhaus-Gärtner den stillen Triumph des anstehenden Siegs über die Tierwelt. Bis er eines Morgens – dem Herzkaschber nahe – feststellen musste, dass nicht nur die allermeisten Kirschen aufgefressen, sondern auch die Heringe bis auf Gräten, Schwanz und Kopf abgezuselt waren. Was nicht nur einen schweren Verdacht auf das Vogelvolk warf, sondern auch auf die Nachbarskatzen.

Jedenfalls rief der Herbert nach diesem erneuten Schicksalsschlag immerfort: „Iich glaab, iich muss zum Psychiater, iich glaab, iich g'heer ins Irr'nhaus." Dorthin ist er aber nicht gegangen, sondern auf Rat seiner Marcharet zum nächsten Baumarkt und hat sich eine große, scharfe Säge gekauft. Nun hat er zwar durch den eigenhändigen Gewaltakt seinen Herzkirschenbaum verloren, aber seinen Seelenfrieden wieder gefunden.

Kapitel 4

Kinder, Kinder

Äpfel, Lehm und Bienenstich

Von drei treffsicheren Freggern und einer stichhaltigen Strafe

Man kann es sich selbst als damaliger Zeitzeuge heute kaum mehr vorstellen, dass vor gar nicht langer Zeit nördlich von Hof das Ende der Welt lag. Zumindest herrschte die Vorstellung vom bedauernswerten, leblosen, gelähmten Grenzland am Eisernen Vorhang bei Millionen Ahnungslosen in deutschen Landen. In Wirklichkeit verlief das Leben im „Westen", der eigentlich der Süden war oder aus bayerischer Sicht sogar der Norden, auch in der Nähe von Stacheldraht und Minenfeldern ganz normal, so empfand man das jedenfalls als Einheimischer.

Ganz normal? Irgendwie entwickelte sich in diesem schmalen Landstrich unmittelbar vor der „Ostzone" sogar fast so etwas wie ein Idyll, einem Biotop gleich, vielleicht weil hier eine besondere Art der Ruhe herrschte. So hatten nicht wenige Städter dort oben im Dreieck zwischen Tschechoslowakei und Zonengrenze, wie man politisch korrekt sagte, a weng a Wochenend-Grundstück, a Gärdla halt mit ann Häisla drauf. Und da Urlaubs-Fernreisen selbst in den 1970-er Jahren, in denen sich die nun folgende schelmische Geschichte ereignete, noch nicht für jedermann selbstverständlich waren, verbrachte die eine oder andere Familie sogar die gesamten Ferien auf ihrem Fleckla Erde gewissermaßen in Sichtweite der Grenzanlagen.

Wie die Schmidts aus Hof mit ihren zwei kleinen Freggern, dem Horsti (8) und dem Michi (5). Es muss wohl in der Nähe eines Dörfchens mit dem geographisch beziehungsreichen Namen Sachsenvorwerk gewesen sein. Jedenfalls fanden in den Osterferienwochen die beiden Buben aus der Stadt dort bei ihrem familiären Freizeitdomizil bald einen Freund aus dem Dorf, den Volker, der mit neun Jahren schon einiges an Erfahrungen und überdies lokale Kenntnisse voraus hatte.

Und so zeigte der Volker seinen beiden Gästen beim Stromern eines Tages ein Spiel, das die Dorfkinder immer wieder mal mit einiger Begeisterung betrieben. Die drei Buben schlichen sich zu einem Bienenhaus

am Waldrand und schmissen dort aus einiger Entfernung mit Lehmbaaz und alten Äpfeln auf die Ausflugschlitze der Bienen. Das taten sie so oft und heftig, bis alle Schlitze verstopft waren. Dann haben sie sich gscheid gfreut und mit lautem Lachen beobachtet, wie die irritierten Bienen, die von der Nektarsuche zurückkamen, aufgeregt laut summend herumflogen und vergeblich versuchten, zu ihrem Volk zurückzukommen. Das Volk im Bienenhaus, das nicht mehr herauskam, führte sich ebenfalls arch auf. Und die Kinder zogen stets fröhlich hüpfend ab, weil sie wieder so schön und erfolgreich gespielt hatten.

Gar nicht fröhlich war naturgemäß der Imker, der fast an jedem Abend in diesen Osterferien die Bescherung zu beseitigen hatte und die Ausflugschlitze saubermachen musste. Als dies etwa zum zehnten Mal der Fall war, beschloss er, der Sache auf den Grund zu gehen und den Bienenhaus-Schändern aufzulauern. Das hat er dann am nächsten Tag gemacht. Und tatsächlich: Am frühen Nachmittag sind die drei Übeltäter angerückt.

„Batsch" hat es gemacht und „Peng", und die Brocken sind nur so geflogen und die faulen Äpfel auch, die noch vom vorigen Herbst auf der Wiese herumlagen. Und immer, wenn einer von den Bärschla einen Schlitz getroffen hatte, haben alle gelacht wie die Säu' und haben „Toooor" geblägt. Fünf Minuten hat der Imker in seinem Versteck hinter dem Busch das muntere Spiel beobachtet, dann hat er zugeschlagen: Vorgestürzt ist er und hat die drei Lauser beim Kragen gepackt. Die Hundsgribbala sind natürlich erschrocken und haben geplärrt wie bleed.

Aber noch mehr brüllten sie, als der Imker zum nächsten Teil der Strafaktion schritt. Er sperrte die drei Buben nämlich zu den aufgeregten Bienen ins Bienenhaus. Allmächd, sind die Lauser durch des Häisla gehüpft und gerannt, bis sie gemerkt haben, dass ihnen die Viecherla nichts tun, wenn sie ihnen auch nichts tun. Und als sich die Knaben und die Bienen wieder a weng beruhigt hatten, gesellte sich auch der Imker zu den Missetätern im Bienenhäisla.

Ganz schnell ist das gegangen, was nun geschehen ist: Der Mann hat sich den ältesten Lauser geschnappt, den Volker also, hat ihm die Hosen heruntergezogen, eine Biene genommen, an die nackte Sitzfläche des Buben gehalten, das Tierchen in der Kopfgegend gedrückt, so dass dieses tat, was Bienen in solchen Fällen tun: Es stach dem Volker in das Hinterteil. Verregg, hat das Kerlchen gebrüllt, und mit ihm zusammen taten das auch seine beiden kleinen Freunde.

Aber das Geblääg und das Gwerch haben sich noch gesteigert, als der Imker den nächsten Buben packte, den Horsti, und ihn auf die gleiche Art dem Strafgericht zuführte. Edzerla hättet ihr den kleinen Michi sehen sollen, was der mit seinen fünf Jahren für eine Energie entwickelt hat. Während sich nämlich seine beiden Mit-Missetäter mit lautem Geplärr ihren Allerwertesten hielten, ist der klaa Michi durch des Häisla gerast wie eine wildgeworde Brooma: nüber über den Stuhl, nauf auf den Tisch, nunter unter des Schränkla. Dort hat der Imker ihn dann doch erwischt.

Aber zur Exekution ist es im Fall vom Michi nicht mehr gekommen. Als nämlich der Mann das Hinterteil des Freggerlas entblößt hatte, musste er feststellen, dass am Poppes des kleinen Sünders keine Angriffsfläche mehr für einen Bienenstich war. Die gesamte Sitzfläche war nämlich total zugeschmiert. Ihr müsst nicht fragen, womit. Die Bienen jedenfalls, die sehr reinliche Tiere sind, flogen – vertrauenswürdigen Berichten nach – einen großen, großen Bogen um den kleinen Stinker.

Tja, so schnell kann etwas in die Hose gehen, möchte man dazu sagen. Aber die Geschichte war damit noch nicht zu Ende. Die Eltern der beiden Buben zeigten nämlich in den darauf folgenden Tagen den Imker wegen vorsätzlicher Körperverletzung und Tierquälerei an, was dieser mit einer Klage seinerseits beantwortete: wegen Sachbeschädigung. Es fand sich ein weiser Richter: Er stellte beide Verfahren gegen Zahlung einer Geldbuße von jeweils insgesamt 30 Mark ein. Und um das Happy End zu vervollkommnen, fanden sich eines Tages auf dem Fensterbrett des Gartenhäislas der Schmidts drei Gläser Honig als Versöhnungsgeschenk Marke „Grenzland naturrein".

Die Dipferla auf der Dordn dordn

Von der ungebremsten Lust auf Cocktailkirschen, Schäufele und Bradwöschd

Für die Geschichte, nein, für das Drama vom Dipferla auf der Sahnetorte begeben wir uns nach Forchheim, wo die Welt noch a weng fränkisch-katholisch ist, und begleiten Mama Claudia Habergasser und ihren Filius Wolfi die Kellerstiege hinunter Richtung Vorratsraum, also in die Speis'. Die Mutter trägt vorsichtig auf beiden Händen eine riesige Torte, die auf Fränkisch bekanntlich Dordn heißt, in dieser Größenordnung sogar Mordsdrumdordn. Also diese Mordsdrumdordn schleppt die Mama in den Keller. Der Wolfi schlappt hinterher, und wir hören aus seinem Mündlein euphorische Worte des Lobs: „Des is fei a bsonners scheena Gommiondordn."

Womit für alle, die des Fränkischen einigermaßen mächtig sind, der Hintergrund des Geschehens gscheid heller wird. Ja, der Wolfi hat Gommion, wie der Franke sagt, also Erstkommunion, und zwar am nächsten Tag. Und das, was Mama Claudia gerade eben am Samstagfrüh über die Kellerstiege balanciert, ist das Schmuckstück der morgigen festlichen Kaffeetafel: die Kommuniontorte. Und man kann sich der Begeisterung des anstehenden Kommunionskinds nur anschließen: Die Dordn is werkli bsonners schee.

Nein, sie war es. Die Geschichte spielt natürlich in der Vergangenheit, in die wir nun auch sprachlich zurückblenden. Also: Es handelte sich um eine Schokoladentorte mit Sahnedipferla oben drauf und auf jedem Dipferla (hochdeutsch: Tüpfelchen) thronte eine Cocktail-Kirsche, also so eine süße, helle, die a bissla nach Marzipan schmeckt. In der Mitte leuchtete aus Zuckergussbuchstaben zusammengesetzt, die Aufschrift: „Viel Glück dem Kommunionkind". Und der Wolfi konnte es kaum verbergen, dass ihm schon beim Transport der Torte in den Keller das Wasser in der Goschn zusammenlief, vor allem, weil er Cocktailkirschen so sehr liebt. Aber es blieb beim lustvollen Gedanken. Seine Mama stellte das gute, süße Stück vorsichtig auf ein Schränkla, danach erklommen Mutter und Sohn die Kellertreppe wieder nach oben.

Dann kam der frühe Nachmittag, an dem sich die Ereignisse fast dramatisch zuspitzen sollten: Die Habergassers machten sich auf, um einen Kommunionsgast, die Tante Marcha aus Närmberch, vom Bahnhof abzuholen. Was den Wolfi nur äußerst wenig bewegte. Die Frage nämlich, ob er mitkomme, beantwortete er mit einem klaren „Naa. Iich will miich noch a weng ausruh'n." „Schad'", meinte der Papa einerseits, andererseits wertete er diese Antwort des Buben sogar als einen Anflug von Erwachsenen-Vernunft, was er in großer Zufriedenheit so auch seiner Gattin zuflüsterte. „Obba net Computer schbilln!", ermahnten die Eltern den Wolfi noch im Gehen. „Naa, aaf kann Fall", schwor der. Dann schwirrten Mama und Papa ab.

Eine Viertelstunde etwa saß das angehende Kommunionkind auf dem Sofa und blätterte in irgendeinem Heftla. Dann klingelte das Telefon. Der Onkel Frieder war am anderen Ende der Leitung: „No, Wolfi, bist scho aufgrechd?", fragte der und ohne den Wolfi auch nur die Chance auf eine Antwort zu geben, kam der Onkel umgehend auf das Kommunionsessen zu sprechen. „Und was gibd's morgn Scheens? Habbder aa a gscheide Dordn?" „Des frochsd besser die Mama, obba die is edz net do", sagte der Wolfi. „Na dann, bis morgn!"

Der Wolfi legte den Hörer auf und strebte auf sein Sofa zu, aber schon als er das Stichwort „Dordn" aus dem Mund vom Onkel Frieder gehört hatte, hatte ihn die süße Lust auf Cocktailkirschen überfallen. „Bloß amol nunderschaun", dachte er sich und war ziemlich schnell im Keller. Mit glänzenden Augen taxierte er die Mordsdrumdordn, die nun bridscherbraad und verführerisch vor ihm stand. „Eindliich is des mei Dordn dordn", sagte er sich leise. „Und mid der kann iich mach'n, wos iich mooch."

Zack, pflückte er von jeder Seite eine Cocktailkirsche herunter und schob sie mit Genuss in seinen Mund. Jetzt sah allerdings die Torte schon a bissla unvollständig aus. Und da hatte der Wolfi eine Idee: „Bevor da einzelne Löcher in der Kirschdekoration sind, futtere ich lieber alle. Dann fällt das Fehlen überhaupt nicht auf und die Mama denkt vielleicht, sie hat die Kirschen vergessen." So oder so ähnlich muss der Bub gedacht haben und schob in der Folge tatsächlich ein Kirschlein nach dem anderen in seinen Mund, bis keines mehr da war. Doch an einigen Stellen hatten die roten Früchtchen ihre deutlichen Farbspuren im Sahnedipferla hinterlassen. Und jetzt wurde es dem Wolfi doch gscheid blümerand.

Da hatte er einen neuen Geistesblitz: Er holte aus dem Regal mit dem Eingemachten ein Glas mit eingeweckten Herzkirschen aus der Fränkischen Schweiz, mit dem Plan, diese statt der Cocktailkirschen auf die Gommionsdordn zu drapieren. Nur: Ein Glas mit Einmachgummi ist für einen Neunjährigen gar nicht so leicht zu handhaben, auch wenn er der Mama schon hundertmal zum Öffnen von Einmachgläsern zugeschaut hatte. Er zog und zog und zog, dann machte es doch „ratsch" und „peng" und das Glas war offen. Das ist allerdings die milde Umschreibung des Geschehens. Das Glas war zwar wirklich offen und der Wolfi hielt es sicher in der Hand. Aber der allergrößte Teil der Früchte samt Saft breitete sich auf dem Kellerboden aus.

Und was noch schlimmer war: Der Deckel des Einmachglases war in hohem Bogen mitten auf die Torte geflogen, hatte die Verzierungen demoliert und aus der liebevollen Aufschrift: „Viel Glück dem Kommunionkind" ein Chaos gemacht. Zum großen Teil waren die Zuckerguss-Buchstaben nur noch Bröggala, die wild durcheinander lagen. Nur ein paar von ihnen waren heil oder einigermaßen heil geblieben.

„Allmächd, allmächd", jammerte der Wolfi. Dann hob er die Kirschen vom Fußboden auf und verzierte damit, so gut es ging, die verbliebenen Sahnedipferla. Schließlich machte er sich daran, die Tortenaufschrift zu restaurieren, was seiner Meinung nach auch gut gelang, wenn auch nicht perfekt. Als er gerade mit einem Putzlumpen die Kirschsoße vom Fußboden aufgewischt, das Einmachglas in den Müll geworfen und sich ein paar Safttropfen von der Hose abgewischt hatte, hörte er, wie oben die Tür aufging: Die Eltern samt Tante Marcha waren da. Der Wolfi rannte die Treppe hoch. „Was hast'n du drundn im Keller g'machd?", fragte die Mutter gleich. „Da hat was gebumberd, da hab iich amal nachg'schaud", sagte das angehende Kommunionkind. Und hatte damit nicht einmal so richtig gelogen.

Dann kam der große Tag. Der Wolfi stand schon um acht Uhr in der Früh mit seinem dunkelblauen Ooziechla umeinander und hatte eine Krawatte um den Hals baumeln. Ganz käsig sah er aus und seine Mama hat gesagt: „Du hast fei heit noch nix g'essn." „Iich moch net", hat der Wolfi gemeint. „Iich hob a weng Bauchweh." Dann sind sie alle losgezogen. Schee wars in der Kirch.

Und ganz fröhlich ist die Gesellschaft später wieder zurückgekommen in die Wohnung der Habergassers. Die Oma hat etwa neunmal hintereinander gesagt, dass der Wolfi „heit a richdich scheens Bubele is." Und denselben gelobt, dass er so fromm war in der Kirch'. Aber auch solches Lob konnte die Laune des Kommunionkinds nicht verbessern. Die ganze Zeit saß es blass und still herum.

Dann gab es Mittagessen. Als Hauptgericht Schäufele mit Glöß. Die Gesellschaft hat in höchsten Tönen geschwärmt: „Also es gedd doch nix über a gscheids Schäufele mit an gscheidn Gniedla und an gscheidn Bier", hat der Onkel Frieder gesagt. „Und wenn des gscheide Schäufele dann noch so a gscheids Krüstla hat, dann schmeckt's gscheid gut", ergänzte die Tante Agnes lachend.

Der Onkel Max meinte bei so viel gscheidm Lob: „Wenn dann des Gommionkind so a gscheid gscheids Bärschla is, wie der Wolfi, dann hammer a gscheid scheens Fest und kenna gscheid feiern." Gscheid blöd war es bloß, dass der Wolfi weiterhin gscheid käsig im Gesicht auf seinem Stuhl hockte und kaum einen Bissen herunterbrachte. „Ach Wolfi", hat seine Mutter gemeint, „edz braugst doch nimmer aufgrechd saa. Die Gommion is vorbei, edz kemmer gscheid lustich saa."

Das war leichter gesagt als getan. Das Bauchweh vom Wolfi verschlimmerte sich nämlich schlagartig noch, als der Onkel Frieder, kaum war der letzte Bissen Schäufele im Schäufelegrab versenkt, schon mal nach der Gommiondordn fragte. „Die kömmer gleich zur Nachspeis hol'n", meinte die Mutter und schickte den Wolfi zum Dordnhulln in den Keller, damit sie schon mal mit dem Kaffeekochen anfangen konnte. Der Wolfi ließ sich erst einmal alle Zeit der Welt. Dann kam er mit der Mordsdrumdordn wieder in das Wohnzimmer, stellte das gute Stück auf den Tisch und verschwand sofort im Klo.

„So", fragte die Mutter, in der Küche stehend, das Tortenmesser in der Hand, „wo is'n edz unser Kunstwerk? Is' net schee, die Dordn dordn?" Erst da nahm die von den Bierlein und Verdauungs-Obstlern belustigt waafende Gesellschaft wahr, dass inzwischen eine Dordn dordn stand. Sofern man bei diesem Gebilde von einer Dordn sprechen konnte.

Die Frau Habergasser verdrehte die Augen, ihr Gesicht lief rot an, und die Gäste wussten nicht, ob sie lachen oder wie sie sonst reagieren sollten. Der Onkel Frieder fing jedenfalls heftig an zu wiehern. Die Oberfläche der Torte sah nämlich so hügelig aus wie die Landschaft des Fichtelgebirges. Und als Aufschrift konnten die Gäste lesen: „Glück im Kind". „Ja, was soll'n edz des bedeuten?", prustete der Onkel Max. Und die Frau Habergasser war mehr als verlegen: „Ich schwör's", sagte sie, „des hieß ‚Viel Glück dem Kommunionkind'. Und die Dordn dordn hat gestern noch ganz anders ausg'schaud."

„Wolfi!!!", rief sie. Doch der saß bauchwehbedingt und in Angstschweiß gebadet immer noch auf dem Klo. Erst Minuten später kam er. „Wolfi, was is mid der Dordn dordn bassierd?", fragte die Mutter, Kommunionsfest hin, Kommunionsfest her, in aller Strenge. „Und sei ehrlich, die hast heit Gommion g'habd." „Die war scho so im Keller g'standn", erklärte der Bub. Was im Prinzip die Wahrheit war, aber eben nur die halbe. „Kilian, hast du die Dordn hieg'machd?", fragte sie schließlich gscheid zornig ihren Mann. „Des is ja a Lumberei. Edz wärr noch iich verdächdichd. Wolfi, edz sogsd, was los is." „Es is nix los", erklärte das Kommunionkind, was aus seiner Sicht und aus seiner persönlichen Wahrnehmung auch als eine Art Wahrheit zu akzeptieren war und ist.

Der Wolfi war nämlich schon lange vor dem Kaffeetrinken in sich gegangen. Er hatte überlegt, mit welcher Variante er sich als Knabe, der frisch gebeichtet hatte, möglichst wenig sündig belastet: Die Cocktailkirschen von der Dordn zu futtern ist wahrscheinlich Diebstahl und eine schwere Sünde, meinte er wohl. Während er kleine Notlügen nur unter die lässlichen Sünden einstufte. Also antwortete er auf alle weiteren eindringlichen Fragen nach einer eventuellen Missetäterschaft fast wie ein bei einer Untat ertappter Politiker immer mit der Versicherung: „Iich waaß vo nix." „So", erklärte dann Vater Habergasser, „edz gehst du in dei Zimmer und besinnst diich a weng. Und in zehn Minuddn hol iich diich widder. Und dann sprechmer noch amal. Verstandn?"

Also zog der Bub mit hängendem Kopf ab – und mit ihm der Hund der Habergassers, eine Dackel namens Lumpi, der bisher in dieser Geschichte noch keine Rolle spielte, nun aber eine tragende übernahm, was uns fast a bissle das Herz bricht. Denn als sich der Lumpi im Arrest des Kinderzimmers neben den Wolfi auf das Sofa legte, kam dem Buben eine Idee, die zwar ihn von allem Verdacht und aller Schmach befreite, aber dafür einen Unschuldigen hundsgemein belastete. Als der Vater das Kommunionkind nach zehn Minuten ins Wohnzimmer holte, strahlte dieses jedenfalls wieder. Und es berichtete der gespannten Gästeschar die zu Tränen rührende Geschichte, dass der Lumpi die Dordn hiegmachd hätte. Und er, der Wolfi, in der Liebe und Güte eines Kindes, das gerade gebeichtet hatte, das gute Stück wieder hergerichtet hatte. Und geschwiegen habe er nur, weil er net wollte, dass an dem schönen Kommuniontag der Lumpi am Ende bestraft wird und eben keinen schönen Tag hat.

Die Kommuniongesellschaft hat dem Wolfi jedenfalls diese schöne Geschichte geglaubt. Die Tante Agnes hat sich ins Taschentuch geschnäuzt. Und alle haben den Wolfi gelobt, weil der den Lumpi lieb in Schutz genommen hatte. Aber der arme Hund hat zur Strafe keine Bradwöschd bekommen, die es zum Abendessen gab und die er, wie fast jeder fränkische Hund, heiß und innig liebt. So lag der Lumpi während des Bradwöschdessens unter dem Tisch und hat jämmerlich gewinselt. Und der Wolfi hatte ein arch schlechtes Gewissen.

Aber wie es das Schicksal so will, ist dem Wolfi eine seiner Bradwöschd hinuntergefallen und genau vor das Maul vom Lumpi. Die Chance hat sich der Hund natürlich nicht entgehen lassen. Und obwohl alle Erwachsenen ahnten, dass der Wolfi die Woschd absichtlich noogschmissn hatte, hat keiner geschimpft, sondern alle haben gedacht: „Achgodderla, is des a liebes Gommionkind."

Von den Ahnen und ihrer Liebe zum Klo

Wie Kinder die früheren Zeiten erleben

„Achgodderla naa, bin iich froh, dass iich zu dera Zeit net glebbd hab." Wer, wie unsereiner, in seinem journalistischen Berufsleben unzählige Male das Fränkische Freilandmuseum in Bad Windsheim besuchen durfte, hat diesen Stoßseufzer immer wieder gehört. Oder sogar selbst ausgesprochen. Ungeachtet der Tatsache, dass die Menschen in 300, vielleicht sogar schon in 100 Jahren ähnlich über unsere Zeit reden werden.

Jedenfalls dokumentieren diese Worte der Erleichterung, dass sich der erwachsene Museumsgast vorwiegend in der Rolle des interessierten, aber auch distanzierten Besuchers wiederfindet. Ganz im Gegenteil zu den Kindern. Wer sie beobachtet, ihnen zuhört und zusieht, der wird feststellen, dass die Kleinen oft tief hineintauchen in die vergangenen Zeiten, mit all ihrer Fantasie Vergangenheit mitleben und erleben.

Wie die dreieinhalbjährige Annika, die mit ihren Eltern in der Stadt wohnt und auf einem der alten Gehöfte in Bad Windsheim erstmals in ihrem Leben einen richtigen Ziehbrunnen sah. Ehrfurchtsvoll ging sie ganz nah hin, ließ sich von Omi und Opi erklären, wie diese Vorrichtung funktioniert, berührte vorsichtig den Holzeimer, der wie zum Einsatz bereit auf dem steinernen Rand stand und fasste ihre Erkenntnisse in die Worte: „Also das war so: Die Leute früher haben erst noch schnell Wasser geschöpft, dann sind sie gestorben."

Fasziniert war die kleine Maus bei der großen Runde durch die Vergangenheit auf dem fränkischen Land auch von den Herzchen in den Türen der hölzernen Klo-Häuschen. Eines davon musterte sie lange von außen, betrachtete es von innen, schüttelte den Kopf und fragte schließlich die begleitenden Großeltern nach dem Sinn dieser ungewöhnlichen Öffnung. Der von der Frage leicht überforderte Opi stammelte etwas von „Lüftung" und „wegen dem Düftla im Klo" oder so ähnlich. Die Omi tat

75

so, als hörte sie das kindliche Anliegen nicht. Bis Klein-Annika selbst die Lösung dieser wichtigen Frage kundtat: „Die haben die Herzchen in die Tür geschnitten, weil sie ihr Klo so lieb gehabt haben."

Bisweilen vermischen sich auf dem Weg durch die früheren Zeiten bei den Kleinen freilich auch die Realität und die Welt der Märchen und Geschichten ganz gehörig. Anders ist beispielsweise nachfolgende Szene nicht zu verstehen. Auf einem Gehöft streute ein Museums-Mitarbeiter den Hühnern Futter hin. Darauf Klein-Timo, der zuvor mit seinen Eltern eine der Mühlen besucht hatte und dem dort augenscheinlich Wilhelm Busch ziemlich lebendig geworden war: „Kriegen die Hühner edz Max und Moritz zum Fressen?"

Natürlich nicht. Jedenfalls war das für den Papa ein Stichwort, das nicht nur seine Lachmuskeln in Schwung brachte, sondern auch die Magennerven aktivierte. Die Familie ging umgehend zum Bratwurstessen in einen der Museums-Biergärten. Der kleine Timo biss voller Appetit hinein in ein Paar braun gebratener Prachtstücke, verzog dann aber leicht den Mund: „Die sind aber salzig, Mama." „Na ja", meinte die Mutter, „das muss so sein, dann sind die Wäschdla nämlich länger haltbar und verderben net so schnell." Der Bub nickte verstehend: „Aha. Und wie viele hundert Jahre alt sind die Bradwöschd?"

So verschieben sich in der Welt der Kinder, die sich für die Vergangenheit interessieren, eben manchmal die Dimensionen. Was im Angesicht der Ewigkeit selbst in den Augen der Erwachsenen meist ganz logisch erscheint. Das trifft auch auf folgende Begebenheit zu: Eines Tages gab es bei einem Fest im Freilandmuseum einen Laternenzug. Fragte die kleine Clara ihre Mama: „Sind die Leute früher auch mit Laternen rumgegangen?" Doch noch bevor die Mutter antworten konnte, ergriff Anna, die etwas größere Schwester der kleinen Fragestellerin, das Wort und erklärte ihr: „Klar sind die mit Laternen rumgegangen, du Doofi. Denen ist doch gar nix anderes übrig geblieben. Damals hat's noch net amal Sonne, Mond und Sterne gegeben."

Was beweist, dass so ein Museumsbesuch immer auch Lehren für das Leben vermittelt. Im Fall der Museumskinder ist dies wohl die Erkenntnis, dass jedes Licht, das einem aufgeht, stets auch ein Irrlicht sein kann.

Kapitel 5

Sachen gibt's!

Die fröhlichen Ritter von der Hustenburg

oder: Das bemerkenswerte Ende einer Dienstreise

Wer behauptet da, Beamte seien humor- und fantasielose Stubenhocker und Sesselpupser? Nachfolgendes komödiantisches Geschichtlein dokumentiert jedenfalls das Gegenteil und soll eine Sympathie-Lanze brechen für unsere Beamtenschaft, wenngleich das Verhalten der Hauptprotagonisten auch a weng makaber gewesen sein mag.

Aber stopp! Um das Geschehen richtig verständlich darzustellen, ist es nötig, die Leserin und den Leser darüber aufzuklären, dass es in der Beamten-Metropole Ansbach ein Krankenhaus im Stadtteil Strüth gibt, das heute noch im Volksmund den Namen „Hustenburg" trägt. Weil es nämlich über lange Zeit hinweg eine weithin bekannte Lungenheilstätte war. Und die lungenkranken Patienten kamen aus ganz Mittelfranken dort hin – manche fuhren auch mit dem Zug.

Wobei wir wieder bei unseren Beamten und beim eigentlichen Thema sind. Zwei von ihnen, wir Nicht-Beamte würden sagen: zwei ganz schön hohe Tiere der Ansbacher Bezirksregierung, brachen nämlich eines schönen Tages zu einer Dienstreise nach Nürnberg auf. Und weil ein rechtes Sauwetter herrschte und sie unterwegs noch a bissla was zu besprechen hatten vor ihrem Nürnberger Arbeitseinsatz, reisten sie mit dem Eilzug der Deutschen Bahn. Erster Klasse, versteht sich, wie es sich für einen gscheidn Beamten gehört.

Also suchten sie sich ein schönes, leeres Abteil, ließen sich in die Polstersitze fallen, breiteten ihre Arbeitspapiere aus und wollten, wir schwören, dass es so war, gerade mit ihrer dienstlichen Besprechung beginnen, als die Tür aufgezogen wurde und drei, sagen wir mal resolute und stimmgewaltige Damen das Separee betraten. Die beiden hohen Beamten, die wir Erwin und Leonhard nennen, haben bei späterer mündlichen Berichten über das folgende Geschehen im Eilzug-Abteil nur von „drei aldn Zulln" gesprochen, wenn sie ihre Reisebegleiterinnen meinten.

Jedenfalls haben die drei Zuchdln, pardon, Damen schon mal einen Duft mit in das Abteil getragen, der einem siebenstöckigen Freudenhaus alle Ehre gemacht hätte. Aber das war nur die eine Schreckens-Facette, die andere war noch viel extremer: Die Freundinnen redeten nicht nur ununterbrochen, sondern auch in einer Lautstärke wie etwa 30 über Ansbach hinwegdonnernde US-Hubschrauber zusammen. Dazu lachten sie so kräftig und schrill, dass die metallenen Gepäcknetze vom Schall wackelten.

Das behaupteten jedenfalls später der Erwin und der Leonhard, die bei dem Gschraa und Gstank an Arbeit weder denken konnten noch wollten. Bis hinter Sachsen, das liegt gut fünf Zugfahrt-Minuten hinter Ansbach, haben unsere beiden Beamten schweigend und leidend dies alles hingenommen. Dann passierte es: Der Erwin fing plötzlich an, fürchterlich, nein, geradezu schwindsüchtig zu husten.

„Achgodderla Erwin, geddsder ned gut?", fragte der Leonhard ganz besorgt und der Erwin hustete immer kräftiger und er hüpfte dabei auf dem Allerwertesten im Sessel auf und ab. „'S gedd scho", hat er zwischendrin immer wieder einmal gestöhnt, „'s werd scho wern." Und dann hat auch der Leonhard zu husten angefangen. Ein grippekrankes Walross tut es sicher nicht besser und herzhafter. Und weder der Leonhard noch sein Kollege Erwin hielten sich dabei die Hand vor den Mund.

Die monströsen Damen unterbrachen nun ihren leidenschaftlichen Trialog, rümpften sichtbar die Nase, und irgendwie hörte man flüsternd das Substantiv „Zumutung". Dabei rückten sie auffällig von den beiden augenscheinlich erbarmungswürdigen Hustern ab, lehnten sich ganz weit zurück, offensichtlich um so fern wie möglich zu sein von den Bazillenschleudern. Hinter Wicklesgreuth, der nächsten Station auf dem Weg nach Närmberch, ergriff dann wieder der Leonhard das Wort. Noch a bissla zwischendurch hustend erklärte er seinem Kollegen: „Also iich find, dass die Zuständ in die Lungahaalschdeddn heitzertoch werkli besser sinn als früher." „Fraali", antwortete der andere, „und die Haalung gedd aa schneller."

Woraufhin der Leonhard erneut einen Hustenanfall bekam und danach erklärte: „Obba iich bi no ned g'haald." „Ja, hast du aa noch die Offene?", fragte daraufhin geradezu erschrocken und mitleidig der Erwin und bekam zur Antwort: „Ja, ja, du aa, gell?" „Leider, leider", stöhnte daraufhin der Kollege. „Und warum lass'ns dich dann ieberhabbds naus?", hakte der Leonhard nach. „Waal iich heit in Närmberch mei Scheidung hab." „Du hast's gut. Da hast wenigstens wos Schöns vor", meinte der Leonhard und berichtete, dass er auf Närmberch zu aaner Leich muss: „Wassd, mei Bettnachbar vo der Hustenburg is gstorbn. Die Lunga halt, wie bei uns." Und noch einmal husteten die beiden, dass die Zugwände wackelten. Die drei Grazien indes wurden immer blasser und schwiegen inzwischen völlig.

Und dann geschah es: Bei Roßtal fing eine der Damen an zu hüsteln. Wie von der Tarantel gestochen, sprangen die drei auf, packten ihre Köfferla und Däschla – und waren ford. Zurückgelassen haben sie nur den Duft nach allen Freuden dieser Welt, aber das war unseren beiden Staatsdienern woschd. Die haben nämlich fortan, also im weiteren Verlauf der Zugfahrt, keinen einzigen Husterer mehr von sich gegeben, dafür aber gelacht, der Franke sagt, wie die Säi.

Auch über die Arbeit haben sie bis Nürnberg nicht mehr gewaaft, sondern nur noch über ihren Lausbubenstreich. Und dieser Auftritt als fröhliche Ritter von der Hustenburg, so meinten sie – und wir schließen uns an – gehörte zu ihren besten, kreativsten und ergebnisträchtigsten Leistungen im Dienst seit langer, langer Zeit.

Haute Couture von der Stange

Wildwest in einem besonderen fränkischen Kleiderladen

Der US-Amerikaner als solcher wähnt sich, zumindest in seiner Mehrheit, sicher, dass die ganze Welt im Prinzip amerikanisch ist, zumindest dass sie es gerne sein will oder sollte. Deshalb hält es der Ami meist nicht für nötig, auch nur ein paar Bröggala einer Fremdsprache zu lernen, selbst wenn er beruflich für längere Zeit in einem anderen Land verweilt. Weil er eben meint, Amerika ist überall und er wird überall verstanden. Dass dieser Irrtum zu Komplikationen, Irritationen oder kuriosen Situationen führen kann, erfuhren in den vergangenen Jahrzehnten beispielsweise die Ansbacher immer wieder einmal, manchmal schmerzhaft, manchmal zur Erheiterung.

Dort in Ansbach nämlich hat sich die US-Armee – gefühlt schon etwa im Mittelalter - häuslich niedergelassen und eingenistet. Die politische Sinnfrage soll an dieser Stelle nicht angesprochen, sondern es soll nur konstatiert werden, dass US-Hubschrauber noch bis in die Neuzeit die Menschen in der Stadt sogar des Nachts mit dem lieblichen Ohrenschmaus dröhnender Helikopter-Motoren verwöhnen. Wer das unverständlicherweise nicht mag und dagegen protestiert, hat keine Chance, weil er, wie erwähnt, von den des Deutschen unkundigen Armee-Oberen eben nicht verstanden wird. Wobei wir wieder bei der Sprache sind. Selbst Generäle, die, wie wir annehmen, einen gewissen Grad an Bildung mit nach Deutschland bringen, bringen keine Sprachkenntnisse mit, zumindest keine deutschen. Einige ganz wenige Ausnahmen in den vergangenen Jahrzehnten sind unter die Rubrik „Exoten" einzuordnen.

Wie können wir dann erwarten, dass die Gattinnen unterer Militärdienstgrade der deutschen Sprache mächtig sind, wenn sie mit ihren Familien vorübergehend im schönen Ansbach heimisch werden? Und schon kommen wir wieder zum Anfang: Auch Soldaten-Gattinnen von jenseits des großen Teichs sind felsenfest überzeugt, jedermann, jede Frau versteht sie. Selbst die Verkäuferin im Kleidergeschäft.

Halt, jetzt greifen wir vor. Also: Zwei ganz frisch nach Ansbach gekommene Amerikanerinnen machten sich eines schönen Tages auf, die deutsche Haute Couture kennenzulernen. Also marschierten sie in die Ansbacher Altstadt und stießen auch gleich auf ein Kleidergeschäft. Sie waren völlig beeindruckt von der großen Auswahl an Hosen, Mänteln, Jacken, Blusen, Zaich und Woar halt, wie der Franke sagt, die an einer langen Stange im Schaufenster zu sehen war.

Die beiden jungen Damen gingen also hinein in das Geschäft und fanden dort nicht nur im Schaufensterbereich, sondern auch rechts und links im Raum ein wunderbar vielfältiges Angebot, aufgereiht an Kleiderständern. Während die einzige anwesende Verkäuferin im hinteren Bereich des Ladens gerade mehrere Kundinnen bediente, holten sich die US-Madla zunächst ein paar Blusen von den Stangen, musterten sie, auf der nächsten Seite nahmen sie sich einige Hosen, begutachteten sie mit kritischem Blick und hängten sie wieder hin. Ein paar Jacken probierten sie gleich an und zwei Kleider, die sie ja nicht einfach ohne Erregung öffentlichen Ärgernisses anprobieren konnten, legten sie zunächst zur Seite.

Dann suchten sie irgendetwas in den Kleidungsstücken, wühlten und kramten und entdeckten schließlich an der Wand ein Schild mit der Aufschrift „Preisliste". Wir wissen nicht, ob sie dieses schwierige Wort übersetzen konnten, jedenfalls sind sie schier aus dem Häuschen geraten, als sie lasen: „Hose 5 Mark, Rock 5 Mark, Sakko 8 Mark, Bluse 2 Mark" und so weiter. Zahlen sind ja wohl im Deutschen und im Englischen irgendwie identisch. Jedenfalls haben die beiden die Köpfe zusammengesteckt und diskutiert. Und wir mutmaßen, dass sie sich gefreut haben wie die Schneeköniginnen, weil in diesem Kleidergeschäft alles so preiswert war. Vermutlich haben sie in texanischem Englisch festgestellt, dass die Woar hier in Deutschland saumäßig billig ist. Wahrscheinlich haben sie auch noch gesagt: „Dodafier kriggst bei uns dahamm ja net amol den Reißverschluss."

Als sie dann eine Auswahl von Blusen, Röcken und Hosen, auch ein Büstenhalter war dabei, zusammengehabt haben, suchten die Damen eine Kabine zum Umziehen. Deshalb gingen sie zur Kasse, wo immer noch ein rechter Auftrieb herrschte. Aber unsere amerikanischen Freundinnen zeigten sich selbstbewusst und drängten sich rasch bis nach vorne durch,

wo sie mit einem englischen Redeschwall die Verkäuferin zu fragen versuchten, wo der kaufwillige Mensch hier die Kleider mal anprobieren könne. Des Madla an der Kasse aber verstand erst einmal gar nix, weder sprachlich noch inhaltlich, stand nur da und schaute, wir würden sagen, wie a Aachhernla.

Die beiden US-Frauen legten im Sprachtempo noch zu und erreichten bald in etwa die Geschwindigkeit der Maschinengewehre ihrer Gatten. Dabei schwenkten sie die Röcke, Blusen, Hosen, Büstenhalter durch die Gegend. Die eine knöpfte dann ihr Kleid oben und unten a weng auf und machte mit der anderen Hand eine Bewegung, als wenn sie einen Vorhang zuzöge. Da hat die Kassiererin begriffen: „Äii", hat sie in fast perfektem Englisch gesagt, „wieh not Klaader-Bissniss, wieh are Reinichung. Wieh nix verkaafm, wieh saubermachen des Zaich."

Aber die beiden Kundinnen von Übersee müssen irgendetwas falsch verstanden haben. Sie haben, der Franke würde sagen, gbläägd wie die Säi, und die anderen Kundinnen nahmen die arme Verkäuferin in Schutz, die sie angegriffen wähnten, obwohl keiner ein Wort des anderen verstand. Erst als eine Kundin drohte, „dassmer edz 'n Scheriff hull'n", begriffen die beiden Amerikanerinnen, dass irgendetwas gehörig nicht stimmen kann, schmissen die Klamotten hin und verließen fluchtartig den Laden.

Vermutlich haben sie sich die Haute Couture fortan wieder in ihren US-Shops auf dem Kasernengelände besorgt und ihren Männern berichtet, dass im deutschen Süden die Sitten in den Geschäften wesentlich rauer sind als beispielsweise im Wilden Westen.

Die Senioren-Tanzstunde

Warum Halma und Mühle einer Ehe mehr Gewinn bringen als Foxtrott und Cha-Cha-C[

Der Günder war ein guter Tänzer. Früher. Also ganz früher. Beim]
und Shake und Bossanova, wie das Zeuch damals hieß, war er der
auf der Tanzfläche. Rumgehüpft ist er wie der Lump am Stecken. N
ganz so gut lief es bei den konventionellen Tänzen. Aber immerhin ha
seinen Abiball und seinen Hochzeitswalzer mit Anstand und ohne Ur
hinter sich gebracht. Seither hat er Frieden geschlossen mit Walzer, F
trott und Cha-Cha-Cha. Er hat sie in Ruhe gelassen und sie ihn.

Jedenfalls bis vor kurzem war das so. Bis ihm nämlich eines Tages (
Madda, die langjährige Partnerin seiner tanzfreien Ehe, einen lebensve
ändernden Satz aus der Zeitung vorlas. Es ging um eine Studie zum Th
ma glückliche und unglückliche Ehen. Da hieß es – und das ist authei
tisch bis zum letzten Punkt – „Männer sind oft froh, wenn sie zu Hause i
Ruhe gelassen werden. Frauen hingegen haben ein Beziehungspro
gramm im Kopf mit Unterhaltung, Ausgehen, Theater und Tanzen.]
„Siggsdes", hat die Madda zu ihrem Günder gesagt: „Die Zeitungsleit
kenna die Seele vo uns Frauen besser als Du." Und dass sie halt auch
gern wieder einmal tanzen möchert, hat sie gemeint.

Ganz unglücklich, regelrecht depressiv hat sie dabei geschaut, die Madda. Und das kann der Günder ja überhaupt nicht vertragen. Schon war er
gebucht, der Tanzkurs für Senioren bei der Tanzschule Friederike und
Eberhard Müller.

Also den Walzer hat der Günder noch ziemlich gut hingebracht. Den
langsamen Walzer auch. Den Foxtrott ebenfalls, wenngleich dieser Tanz
a weng arch anders war als er ihn anno dunnemals in seiner Schul-Tanz-
stunde gelernt hatte. Den Cha-Cha-Cha haben sie dann übersprungen,
weil die Madda sich die Blase erkältet hatte und oft biesln musste.

„Den kemmer scho noch, den Cha-Cha-Cha", haben sie alle zwei gemeint
und haben daheim theoretisch die Schrittfolge erörtert. Und als dann in
der nächsten Tanzstunde – die Madda war wieder gesund und fit – als

also die anderen den Cha-Cha-Cha wiederholt haben, haben sich unsere zwei Tänzer einfach mit eingereiht. Aber schon sehr bald hat der Günder gemerkt, dass zwischen der theoretischen Erörterung daheim und der Praxis im Tanzstudio ein gscheider Unterschied besteht.

Jedenfalls taten seine Beine weitgehend nicht das, was sein Gehirn befahl. Er stand mehr auf den Füßen der Allerliebsten als auf dem Tanzboden. Dann bekam er auch noch schmerzhafte Probleme mit der Halswirbelsäule, weil er steif wie ein Stock über die Tanzfläche geschlorgst ist. Und weil er alleweil beim Schrittezählen „Cha-Cha-Cha – uhh" mit dem Kopf genickt hat, wie früher die Wackldackl, die fast in jedem Auto neben dem Häkel-Hütla mit Klopapier hinten auf der Hutablage standen. Und immer, wenn man gebremst hat oder angefahren ist oder auf einer holprigen Straße unterwegs war, dann hat der Wackldackl mit dem Kopf genickt. Wie eben der Günder beim Cha-Cha-Cha.

Das ist natürlich auch der Tanzlehrerin, der Friederike Müller, aufgefallen, die, der Franke würde sagen, a gscheid scheens Madla ist. Mitten unter dem Cha-Cha-Cha hat sie jedenfalls den Günder seiner Madda entrissen, hat ihn voller Schwung übers Parkett geschleift und noch spaßig zu ihm gesagt: „Herr Rubbert, sie ham doch kann Besenstiel verschluckt. Oder?" Dieser Satz hat den Günder tief ins Herz getroffen und scharf wie ein Schwert. Und überhaupt war es ihm gscheid peinlich, dass er vor aller Augen eine Solo-Cha-Cha-Cha-Schulung über sich ergehen lassen musste. Und dass ihn die Friederike auch noch geführt hat. Und als dann die anderen Tänzerinnen und Tänzer aufgehört haben mit ihrem Cha-Cha-Cha und alle ihm und der Lehrerin zugeschaut haben, hat es in ihm gebrodelt wie in einem Topf mit Gniedla.

Woraufhin die kommunizierende Verbindung zwischen Großhirn und Beinen endgültig abbrach. Die Beine waren praktisch willenlos und verhakten sich umgehend mit denen der Tanzlehrerin. Was dazu führte, dass der Günter nach dem inneren nun auch den äußeren Halt verlor, zunächst auf dem Bobbes landete und dann der Länge nach hinschlug. Bei alledem hielt er sich krampfhaft an der schönen Friederike fest, so dass diese mit hinabglitt in die Niederungen des Tanzsaals und schließlich auf dem Günder lag.

Das Bild, das der Günder und seine Tanzlehrerin boten, hätte durchaus das Zeug gehabt, Männerfantasien erotisch zu beflügeln. Und dement-

sprechend grinsten auch einige der umstehenden Tanzstunden-Kollegen vom Günder, wie dieser empfand, gscheid dreggerd, jedenfalls ziemlich schadenfroh. Die Friederike Müller derrappelte sich rasch. Der Günder indes blieb noch a weng liegen. Was dann doch zu gewissen mitfühlenden Reaktionen einiger Mittänzer führte. Sie hoben den Unglücklichen auf, stützten ihn unter den Armen und schleiften den Humpelnden aus dem Saal. Die Madda kam mit Tränen in den Augen hinterdrein. Jedenfalls tat in der Folge der Knöchel vom Günter wochenlang weh. So dass eine Teilnahme an der Senioren-Tanzstunde verletzungsbedingt leider nicht mehr möglich war.

Seither dominieren im Beziehungsprogramm vom Günder und von der Madda Halma und Mühle. Und wenn die beiden ausgehen, dann gehen sie ins Stadion, zum Glubb, oder zum Karpfenschmaus in den Aischgrund. Über die Erlebnisse bei der Senioren-Tanzstunde lachen sie inzwischen herzlich und konstatieren, dass es zur ehelichen Harmonie net immer und unbedingt Musik und Tanz braucht, aber auf jeden Fall arch viel Takt – und Humor.

Schiffsuntergänge und Schlodengeli

Von maritimen Paradiesen in Franken und anderswo

Gunzenhausen, so wissen wir, hat sein maritimes Paradies direkt vor der Haustür – in Form des Altmühlsees. Den Müllers aus Gunzenhausen indes, wir nennen sie einfach so, bringen als leidenschaftliche Schnorchler die Unterwasserwelten der fränkischen Adria bei maximal zwei Metern Wassertiefe, graubrauner Schlickbrühe und dem gemeinen Weißfisch als exotische Tier-Attraktion nicht wirkliche Urlaubsfreuden. Ebenso wenig wie das alljährlich prächtige Algenblühen. Deshalb fahren sie stets an die andere Adria, nach Kroatien. Im Allgemeinen verbringen sie dort Traumurlaube. Nur einmal … Nein, wenn Sie, lieber Leser, liebe Leserin, die Müllers treffen, sprechen Sie diese bitte lieber nicht auf Schiffsuntergänge und Schlodengeli im fernen Kroatien an. Wir erzählen ihnen ja schon, wie das war, damals:

Es begann alles ganz normal, man könnte auch sagen mit dem ganz normalen Wahnsinn, als die Müllers sich mit ihren drei Kindern zwischen fünf und zehn und dem funkelnagelneuen Wohnwagen Richtung Süden aufmachten. Nach vier riesigen Staus und stolzen 16 Stunden Fahrzeit kamen sie gegen Abend auf dem Adria-Campingplatz an, auf dem sie nun fast die halbe Sommerferien verbringen wollten. Nicht einmal das Abendessen hat mehr gscheid geschmeckt vor lauter Müdigkeit. Also hat sich Familie genüsslich und vereint schon kurz vor acht in die neuen Wohnwagen-Campingbetten gehaut.

Von draußen hörten die fünf großen und kleinen fränkischen Urlauber das Rauschen des Meeres, ein paar Stimmen von Mitcampern und ein verflixt lautes Radio aus der Nachbarschaft: deutsche Schlager-Oldies – „Ein Schiff wird kommen", „Ganz in Weiß mit einem Blumenstrauß", „Marmor, Stein und Eisen bricht". Die drei Freggerla haben sich dadurch nicht stören lassen und ziemlich schnell geratzt. Aber die Eltern nicht.

Zuerst haben sie der Brandung gelauscht, aber immer mehr hat sich die Musik aus dem Radio in den Vordergrund gedrängt. Offenbar hat jemand unentwegt dieselbe Musikkassette abgespielt, immer wieder von vorne. Oder die Kassette hat es automatisch getan. „Siggsd, des is der Nachtaal vo denna Wohnwägn und vo die Kämbingblätz", hat Mutter Müller nach zwei Stunden gejammert. Aber ihr Mann hat ihr heftig widersprochen: „Gschmarri, des kommt bloß aaf die Leit oo, die wo neber ann wohna." Dann hat er sich auf seinem inzwischen völlig verkrumpelten Betttuch umgedreht und gesagt: „Edz kummd grod zum zehnten Mal des daabe Schiff. Ich winsch ja kann wos Schlechds. Obba dem wünsch iich, dass endli undgedd." Die Mülleri hat sogar a weng gelacht, aber abrupt aufgehört, als sofort danach ebenfalls zum gefühlt zehnten Mal erst Roy Black hochzeitsmäßig dahinschmolz und anschließend Marmor, Stein und Eisen brachen (was wir mit Genuss schreiben, weil Marmor, Stein und Eisen nicht bricht, sondern brechen, was aber die Müllers an diesem Abend überhaupt nicht interessierte).

Die mussten sich zunächst einmal ihrem kleinen Lucas widmen, der nämlich aufwachte und weinte: „Die Musigg is so laud. Ich kann nimmer schlafen." Mama und Papa Müller versuchten den Fünfjährigen zu beruhigen: „Des hört bestimmt bald auf. Die andern Leut geh'n edz aa alle ins Bett." Diese hoffnungsvolle Prognose bestätigte sich auch innerhalb der nächsten Stunde nicht, als der kleine Lucas mittlerweile heftig brüllend, Rotz und Wasser heulend unbedingt wieder heim nach Gunzenhausen wollte, „in mei richdigs Bedd".

Fast kriegslüstern fragte schließlich Vater Müller seine Frau: „Soll iich nausgeh und dena die Meinungs song?" „Nein", meinte Mutter Müller, „net glei am erschdn Amnd Stunk machen." Da auch Vater Müller nicht wollte, dass womöglich in den nächsten drei Wochen Streit herrschte mit den Wohnwagennachbarn, ließ er von seinen Offensivplänen ab. Und so mussten die Gunzenhausener nicht nur mit dem Gegreine des kleinen Lucas leben, sondern weiterhin mit dem Schiff, das immer noch kam und nicht untergegangen war, mit Schmalz hoch drei in Sachen Hochzeitssehnsucht und Drafi Deutschers Steinbruch.

Um halb zwei endlich sprang Vater Müller aus dem Bett und stürzte mit den Worten „Edz reichdmers" zur Wohnwagentür, riss sie auf – und stieß einen entsetzten Schrei aus: Vor ihm stand mit offener Tür sein

eigenes Auto, und aus diesem erklang mit gewaltiger Lautstärke gerade wieder das schöne Lied vom Schiff, das da kommen wird.

Am nächsten Morgen klopfte dann übrigens der Wohnwagennachbar bescheiden an die Tür der Müllers und bat ruhig und friedlich, aber übernächtigt, dass künftig das Radio vielleicht doch ein wenig früher ausgemacht werden sollte. Den Müllers war dies natürlich peinlich, sie erzählten von ihrer Ungeschicklichkeit – und luden den Nachbarn, der aus Lüdenscheid kam, samt seiner Familie als Entschädigung und Entschuldigung zum abendlichen Grillen ein. Eine fränkische Spezialität versprachen die Gunzenhausener ihren neuen Bekannten: Grillde Schlodengeli, also geräucherte fränkische Brodwäschd, gegrillt eben. Die Müllers wussten noch nicht, dass sie mit dieser Einladung den zweiten Teil ihres Adria-Urlaubsdramas einleiteten.

Eine ganze Kette Schlodengeli hatten die Müllers mitgebracht, „dassmer ka Heimweh kriegn", wie Vater Müller mehr oder weniger scherzhaft meinte. Auch den zusammenlegbaren Grill hatten sie im Gepäck, aber keine Kohlen. „Des machd nix", meinte der Chef de Grill, setzte sich zusammen mit seinem „Großen", dem zehnjährigen Horsti, ins Auto und fuhr zu einer von den Grillbuden, die es vielerorts im Süden an den Straßenrändern gibt.

Vater und Sohn Müller hatten allerdings das Pech, auf einen Verkäufer zu treffen, der nur äußert unzulänglich Deutsch sprach und die beiden Kunden mit den Worten begrüßte: „Du Deutschland." „Ja", erwiderte Vater Müller: „Ich Deutschland – und wollen Kulln hulln." Aber der Mann hinter dem Tresen verstand gar nix und deutete nur fragend auf seine Steaks und Ladderla, also Ripple. Unser Herr Müller aus Gunzenhausen schüttelte unentwegt den Kopf und zeigte dauernd auf die glühenden Grillkohlen: „Kulln haben, Kulln kaufen."

Irgendwann hat es der Mensch am Grillstand dann doch gepackt mit den Kohlen, aber weiter gejammert: „Nix Tiete, nix Tiete." Findig, wie Vater Müller ist, schickte er seinen Filius zum Auto, um die große Reisetasche zu holen. Wo lassen sich Kulln besser transportieren, als in Reisetaschen. Also langte unser Gunzenhausener besagte Tasche über die Theke – und merkte in diesem Moment, dass er seinen Geldbeutel im Auto vergessen hatte. Folglich eilten er und der Horsti wiederum zum Fahrzeug und fanden, als sie zum Stand zurückkamen, schon die mit Grillkohle gefüllte Tasche vor. Dieselbe landete schnell im Kofferraum – und ab ging es Richtung Campingplatz.

Nach ein paar Minuten Fahrt stellte der Horsti eindringlich fest: „Babba, es schdingd." „Also iich wor des net", antwortet der Vater lachend und wurde im selben Moment von einem entgegenkommenden Auto angeblinkt. „Warum blinkt'n der?", fragte der Sohnemann. „Des is a Deutscher. Und da blinktmer sich zu, wemmer sich hier im Auto begegnet", erklärte der Papa. „Obba da sind ja lauter Deutsche", meinte der Kleine. „Deswegen blinkn's ja auch alle", meinte der Erzeuger, wunderte sich aber doch über die übergroße solidarisch-deutsche Freundlichkeit im tiefen Kroatien. Richtig stutzig wurde er allerdings erst, als auch der hinter ihm fahrende Pkw heftigst die Lichthupe betätigte. Und als der Horsti erneut klagte, dass es gscheid stinkt, hat unser Gunzenenhausener Urlauber bemerkt, dass aus dem Hinterteil seines Autos dicker, schwarzer Rauch quoll. Vater Müller bremste, stieg aus und glaubte fast nicht, was er nach dem Öffnen des Kofferraums sah: Dieser Teil des Autos bestand nämlich nur noch aus einer lädscherdn schwarzen Masse, in der ein paar niedliche Holzkohlen glühten. Die Reisetasche, die Gummimatte, der Ersatzreifen, der Verbandskasten hatten sich alles in allem zu einem schönen, aber unförmigen und fürchterlich stinkenden Schmor-Klumpen zusammengeschlossen.

Die Schlodengeli haben die Müllers und ihre Campingplatz-Nachbarn an jenem Tag kalt gegessen. Und als unsere Familie nach drei Wochen zurückkam nach Gunzenhausen, da prangten am Hinterteil der Familienkutsche immer noch die rußigen Spuren des kroatischen Missgeschicks. Als Antwort auf diesbezügliche Fragen brummte Papa Müller immer so etwas wie „Auspuffbrand".

Inzwischen ist seit diesem (Alb-)Traumurlaub allerdings einiges Wasser die Altmühl hinabgeflossen. Und die Geschehnisse haben sich naturgemäß längst im Bekanntenkreis der Müllers herumgesprochen und darüber hinaus. Während die Erzählungen bei den Freunden und Bekannten, wie man sich vorstellen kann, noch immer uneingeschränkte Heiterkeit auslösen, können die Müllers noch keineswegs so richtig frei über all dies lachen. Aber immerhin pflegt Vater Müller meist dann doch, die Situation mit Humor zu retten: „Und eines Tages", sagt er dann schmunzelnd, „geht des bleede Schiff doch unter."

Die Not im Liftanzug

Warum das Skifahren problematischer ist als ein Gran-Canaria-Urlaub

Die Skifahrer als solche sind bisweilen ein empfindliches Völklein. Man sollte sie möglichst nie kritisieren. Sie nicht mitleidig belächeln. Oder über sie lachen. Schon gar nicht, wenn man Nicht-Skifahrer ist. Aber vielleicht kann die nachfolgende Geschichte ja dazu dienen, Skifahrer und Nicht-Skifahrer gemeinsam zum Lachen zu bringen.

Der Deddi und die Marion, die in Hof wohnen, sind jedenfalls sogenannte Oster-Flüchtlinge. Das heißt: Sie verbringen Ostern nie daheim, sondern machen Urlaub. Im Allgemeinen Ski-Urlaub in Kleinen Walsertal. Das Große Walsertal, sagen sie immer spaßhaft, können sie sich nicht leisten. Schon Monate zuvor melden sie sich stets in ihrem Lieblingshotel für immer dasselbe Zimmer an, damit ja nicht einmal Ungewohntes oder Neues den Urlaubsfrieden stört. Ja, so ist der Franke. Meistens, zumindest oft.

Der Deddi freilich wich eines schönen Tages bei der sommerlichen Vorplanung des nächsten Osterurlaubs geradezu störrisch von dieser fränkischen Verhaltensnorm ab. Er wolle nächste Ostern nicht ins Kleine Walsertal, sondern lieber nach Gran Canaria, ließ er die Marion wissen. „Waal mir jeds Johr der Winter und der Winterurlaub an Ostern aafn Senkel geh'n und iich eindlich lieber a weng an Sommer moch baam Ostereiersuchen", wie er sagte. Es begann nun jedenfalls eine größere – nennen wir es mal zurückhaltend Aussprache, in deren Verlauf die Marion dem Deddi vorwarf, dass er ja bloß net zum Skifahren moch, waal er vorgs Johr bei der letzten Abfahrt „mit der feddn Zumpfl zamgrumbld is" und sich a paar Rippen geprellt hat. Und dass er deshalb „a elendicher Feichling is".

Das wiederum bestritt dieser energisch und nannte seine ansonsten beste aller Ehefrauen eine Umweltfrevlerin, „wie ihr Skifahrer des halt seid." „Wahrscheins willst du nach Gran Canaria laafm", schoss die Marion zurück. „Oder gibd's a umweltfreundlichs Fluchzeuch? Und ieber-

94

habbds: Dass du dei Sonndachs-Schweinsbradn immer im Großmarkt kaafst – is des vielleicht ka Umweltfrevel?", setzte sie nach. Nachdem die Marion ihren Göttergatten noch darauf aufmerksam gemacht hatte, dass sie sich ja erst im vorigen Jahr den sündteuren und todschicken einteiligen Liftanzug gekauft hätte, für den sie in Gran Canaria wohl wenig Einsatzmöglichkeiten hätte, beendet der Deddi das sich anbahnende Ehedrama. Sie buchten im Kleinen Walsertal.

Dort schmiss sich am ersten Tag der nächsten Osterferien die Marion in besagten Ski-Einteiler. Doch bereits, als sie samt Ehemann am Lift anstand, grummelte es gefährlich in ihren südlichen Körpergefielden. Sie dachte zunächst nur „Achgodderla". Und: „Bis iich widder undn bi, werds scho geh." Und tatsächlich gab das Gedärm Ruhe. Zumindest bis unsere Fränkin sich in flotter Fahrt auf dem Weg nach unten befand. Dann aber meldeten sich mitten auf der Strecke die Därme in einer derartigen Intensität, dass die Marion befürchten musste, aus ihrer Schussfahrt könnte eine Schießfahrt werden. Das zu verhindern, steuerte sie in größter Not ein Wäldla an, das a weng abseits der Piste lag.

Aber nun stellte sich das nächste Problem: Zum Skifahren mag so ein einteiliger Liftanzug wohl sehr praktisch sein, sonst aber eher nicht. Und so verdiente der Begriff Notdurft in dieser Situation im wahren Sinn des Worts seinen Namen. Unter Schmerzen und Schweißausbrüchen wusste sich die heftig leidende Frau nicht mehr anders zu helfen, als ganz aus dem Einteiler herauszuklettern und denselben zusammen mit den Schuhen auf den Skiern stehen zu lassen. Eine weitere Beschreibung der nun folgenden Szene soll aus Gründen der Diskretion unterbleiben. Das Ergebnis aber sei mit den Worten festgehalten: Eine gscheide Erleichterung.

Diese aber dauerte nur eine sehr, sehr kurze Weile. Als die Marion nämlich wieder hineinklettern wollte in die Vorrichtung aus Ski, Schuh und Liftanzug, war das Ding, wie der Franke sagt, fodd, also weg. Irgendwo weit unten hat unsere Skifahrerin einen dunklen Fleck über den Schnee hoppern und sausen sehen, der mit viel Fantasie ihre Ausrüstung hätte sein können. Kurz: Oberkleidung, Schuhe und Ski hatten sich selbstständig gemacht und rasten mit Karacho hinunter in das Tal.

Nur mit Ski-Unterhose, Socken, T-Shirt, Mütze und Brille an Leib und Kopf hüpfte jedenfalls die Marion ihren Sachen durch den tiefen Schnee hinterher. Keine Frage, dass sie in dieser Aufmachung und mit dieser Art von Winter-Jogging auf der Skipiste bei den anderen Wintersportlern, die auf Skiern an ihr vorbeisausten, für Aufsehen sorgte. Wohl um die 20 Minuten ist sie in ihrem ihr selbst mehr als peinlichen Sexy-Aufzug über die Piste gerumpelt, bis sie endlich ihre Sachen an einem Baum wiederfand.

Sie hatte natürlich eiskalte und patschnasse Füße. Und so blieb der Ausflug im Schnee nicht ohne Folgen: Am nächsten Tag musste des Madla aus Hof mit einer gscheidn Erkältung zum Doktor im Kleinen Walsertal. Das ganze große Wartezimmer war voll mit Ski-Invaliden. Und dass die Zeit beim Warten schneller vergeht und vielleicht auch a weng zu ihrem Trost, dass andere Leute auch leiden müssen, fragte sie ein paar von den Leidensgenossen, warum sie denn hier hocken. „Umgeknickt", sagte der Mensch mit dem dicken Fuß, „an einen Baum jefahren", der Preiß mit der Kopfbinde. Nur der direkte Nachbar von der Marion, der einen eingegipsten Daumen hatte, äußerte sich nicht.

Deshalb hat unsere Fränkin ihn mit besonderem Mitleid in Blick und Stimme gefragt, warum er denn zum Doktor müsse. Da hat der Mann erst einmal geschluckt, dann a bissla herumgedruckst, bevor er seine Leidensgeschichte erzählte: „Ach wiss'ns", hat er gesagt, „das ist eine blöde Geschichte, die glauben Sie gar nicht. Ich bin im Schuss den Berg runtergefahren. Plötzlich kommt von der Seite ein ganz, ganz merkwürdiges Gefährt: ein Paar Ski mit Schuhen und einem Liftanzug drauf – und kein Mensch in der Nähe. Da bin ich so erschrocken, dass ich hingefallen bin und mir den Daumen gebrochen habe."

Es muss nicht erwähnt werden, was die Marion bei dieser Schilderung für ein Gesicht gemacht hat. Sie hat nur gesagt: „Naa, werkli? Sowas gibd's doch net!" Ob die Kreislauf- und Blutdruckbeschwerden, die dann der Doktor bei dem Madla attestierte, etwas mit dem gebrochenen Daumen zu tun hatten oder nicht, ist bis heute offen. Jedenfalls sind die Marion samt einer verkühlten Blase und der Deddi samt seiner Marion noch am selben Tag heimgefahren nach Hof.

Ich habe sie im Übrigen im Jahr darauf Ostern auf dem Nürnberger Flughafen getroffen, als sie sich nach Gran Canaria eincheckten.

97

Kapitel 6

Weihnachtswunder, Weihnachtskoller, Weihnachtsbäume

Der ganz normale Weihnachtskoller

Wenn es Advent ist in der stimmungsvollen Großstadt

Vor der Lorenzkirche ist der Nikolaus zugange. Sein Leierkasten leiert „Stille Nacht". Irgendwo hält ein Konkurrent heftig dagegen: „Vom Himmel hoch, da komm ich her", mit voller Pulle. Ein paar Amis komplettieren den Kunstgenuss und grölen – die Glühweintassen in der Hand – irgendwas von „Christmas", kann auch „Maßkrug" heißen. So genau versteht der Zuhörer den Gesang der schweren Zungen nicht. In der Luft liegt der Duft nach verbrannten Bratwürsten und gerösteten Mandeln, pardon, nach gerösteten Würsten und gebrannten Mandeln, versteht sich. Kurz: Alles ist dazu angetan, dass an diesem stimmungsvoll-schönen Tag der Mann sein Weib an die Hand nimmt und zu einem Bummel durch die schönste und anmutigste aller Großstädte, Nürnberg, aufbricht.

Ich weiß allerdings nicht, warum der Verkäufer am Nascherei-Stand auf dem Christkindlesmarkt keine Adventsstimmung hat. Eigentlich wollen wir von ihm nur etwas über den Teig seiner Früchtebrote erfahren. Nein, er zeigt uns auf unsere neugierig-interessierte Frage hin keineswegs den Vogel. Aber fast. Jedenfalls knallt er uns einen Laib besagten Früchtebrots auf den Tresen, dass wir uns erschreckt ducken. Schon aus Angst kaufen wir. Bevor uns der nette Herr ins Gesicht springt.

Von dem lassen wir uns die Vorweihnachtsstimmung nicht verderben. Dann schon eher vom Poeten. Ja, wir begegnen in den Budenstraßen einem leibhaftigen Dichter. Er bietet uns eines seiner Kunstwerke an, auf ein schmuckloses, zerknittertes Blatt Papier geschrieben. Der tiefsinnige Text lautet etwa so: „Wer seinen Nächsten liebt,/ der gibt./ Voller Mut/ von seinem Hab und Gut./ Wenn er das getan,/ bricht die wahre Weihnacht an." Ein künstlerischer Werbestratege unter den Bettlern und Hausierern offenbar. Aber weder der Frau an meiner Seite noch mir steht in dieser Stunde nach Poesie dieser Art. So lehnen wir – ich schwöre es – wirklich freundlich das Angebot ab, dieses handgeschriebene Gedicht-Unikat für zehn Euro zu kaufen und drücken, um aus den Fängen des Poeten zu kommen, demselben einen Euro als Geschenk ohne Gegenleistung in die Hand. Was diesem offenbar weder reicht noch gefällt. Wir verzichten, sensibel wie wir sind, an dieser Stelle darauf, die Beleidigungen wiederzugeben, die der enttäuschte Künstler uns daraufhin nachbrüllt. O du fröhliche…

Da verlassen wir doch lieber die idyllische Stadt aus Holz und Tuch und wenden uns der Geschenkesuche in den Geschäften zu. „Den roten Geldbeutel aus der Vitrine hätten wir uns gerne mal näher angeschaut", erklären wir der Dame hinter dem Ladentisch. „Den kann iich net rausnehma. Suchn's dord im Haufn selber. Dord misserder wahrscheins noch amol saa." Vielen Dank für die Hilfsbereitschaft.

Flüchten wir schnell zu den Schuhen. Hier ist die Verkäuferin zwar nett, aber total überfordert. Sie bedient nämlich außer uns gleichzeitig noch mindesten vier weitere Leute. Also: Nach vorne spricht sie mit den einen, zur Seite nach rechts mit den anderen, zur Seite nach links mit wieder anderen, über die Schulter mit uns und einem weiteren Paar. So richtig aufmerksam halt. Lass'mers mit den neuen Winterschuhen und hoffen auf baldigen Frühling.

Und dann geraten wir in ein Haus, in dem es viele, viele Fernsehgeräte, aber offenbar nicht ganz so viele Verkäufer gibt. Wir sehen zunächst nur einen. Und der ist umringt von einer stattlichen Menschenschar. Immer wenn er drei Schritte geht, wandert die Meute mit. Wir stoßen dazu und merken pfiffig, dass der Mann einen Kunden berät und die anderen Kaufwütigen wartend hinterherschlurfen. Wir schlurfen auch. Nach etwa 20 Minuten haben wir uns an die vorderste Front geschlurft, um dann von besagtem Verkäufer mit – sagen wir mal vorsichtig – großer Bestimmtheit zu erfahren, dass er nicht für die von uns gesuchte Super-DVD-Fernbedienung zuständig ist. „Das macht der Kollege." Wartmer halt weiter – ist ja wohl der Sinn des Advents.

Und weil wir schon einmal beim Warten sind, setzen wir dieses erbauliche Tun im U-Bahn-Untergeschoss am Hauptbahnhof gleich fort. Ob die vielen Leute alle, wie wir, zum Weihnachtskonzert nach Fürth wollen? Dorthin aber, so erfahren wir bald, werden sie und wir nicht kommen.

Zumindest vorläufig nicht und nicht mit der U-Bahn. Das Stromnetz ist gestört. Wen wundert's? An diesem Advents-Samstag, an dem fast jeder und alles gestört ist. Nach einer halben Stunde des Wartens im U-Bahn-hofs-Gedränge verweist uns eine nette Lautsprecher-Stimme auf die Möglichkeit des „Schienenersatzverkehrs", ohne diesen näher zu erklä-ren, und auf ebenfalls nicht näher bezeichnete Züge der Deutschen Bahn. Wir entscheiden uns für das Taxi. Es wäre aber einem vorweih-nachtlichen Wunder gleichgekommen, wenn eines dagewesen wäre. Ein riesig großer Bahnhofsvorplatz mit unzähligen Taxi-Abstellplätzen – aber kein einziges Taxi, dafür Dutzende von Wartenden, von denen die mei-sten mehr oder weniger laut vor sich hinschimpfen.

Da stehen wir nun und warten auch und erneut und schimpfen, aber im-merhin nur sehr verhalten. Und dann kommt er: der wohl einzige Zeit-genosse, der an diesem Tag weder grantig noch hektisch ist. Ein würdig aussehender Mittsechziger. Strahlend kniet er sich plötzlich zwischen Taubendreck und Semmelresten auf dem Gehsteig vor einer älteren Da-me hin und schreit aus voller Kehle: „Leute schaut, diese Frau liebe ich. Ich liebe, liebe, liebe sie." Irgendwas liegt wohl doch in der Luft, in dieser Zeit, in dieser Großstadt. Manche meinen, das verrückte Wetter macht's. Vermutlich ist es aber nur der gemeine Weihnachtskoller.

Das Manna-Wunder von Nürnberg

Warum ein Schweinsbraten 37 Priestern mystisch-wunderbar vorkommen kann

Was tun 37 junge Priester aus Lettland in Paris? Wir wissen es nicht. Wir wissen aber, dass die Herren Primizianten auf ihrer tagelangen Reise im klapprigen Uralt-Bus in Nürnberg Station machten und hier ein Wunder erlebten, gegen das der Manna-Regen in der Wüste und die wunderbare Brotvermehrung ein Klacks waren. Weil ihnen der Himmel im paradiesischen Mittelfranken nämlich nicht etwa nur trockenes Brot bescherte, sondern jede Menge Schweinsbraten mit Gniedla, Graud, Soß' und Nachspeis. Aber der Reihe nach. Und da muss man a weng ausholen.

Franken ist, wie wir wissen, der Nabel der Welt, Mittelfranken sowieso und ganz speziell. Darüber muss niemand diskutieren. Das ist so. Und dies erkennen auch die internationalen Freunde des Regierungsbezirks Mittelfranken in zunehmendem Maß. Gemeint sind da vor allem die nahezu intimen Partner im französischen Limousin und im polnischen Pommern. Welche wiederum auch miteinander eine Liaison pflegen. Und wenn sie sich gegenseitig besuchen, führt ihr Weg bisweilen über Nürnberg und Ansbach. Weil nämlich der Bezirk Mittelfranken als solcher für seine Großzügigkeit gewissermaßen weltbekannt ist und schon mal für Gäste aus den Partnerregionen Bradwäschd springen lässt oder einen Leberkäs'.

Für die 80 Leute aus der pommerschen Hauptstadt Danzig, die in jenen Vorweihnachtstagen erwartet wurden, zu denen wir nun augenzwinkernd zurückblenden, stand gar in der Nürnberger Jugendherberge ein Schweinsbraten als Abendessen parat – und Mittelfrankens damaliger Bezirkstags-Vizepräsident Fritz Körber als Begrüßungskomitee. Doch wer nicht kam, das waren die Danziger. Es verging eine Stunde, es vergingen zwei Stunden. Der arme Schweinsbraten drohte zu zerkochen, das Kraut sowieso.

Enttäuscht darüber, dass die Geladenen nicht kamen, besann sich der Herr Vizepräsident als ein Sozi und Christ aus tiefer Überzeugung an diesem Adventstag auf die Bibel und ging nicht nur sinngemäß, sondern ganz konkret auf die Straßen und Plätze, um die Umgeladenen zu laden. „Morgn haun däi däi Gniedla sunst nei in Sautrog", befürchtete er. Und diesem Schicksal wollte er die Gniedla auf keinen Fall überlassen.

So nahm das wunderbare Geschehen seinen Lauf. Genau vor der Jugendherberge parkte nämlich ein fürchterlich klappriger Bus, den gerade 37 junge Priester aus Lettland bestiegen. Und wie sich herausstellte, waren die Herren Würdenträger nicht nur völlig ausgefroren, weil die Heizung in ihrem alten Gefährt streikte, sondern auch total ausgehungert. „Seit zwei Tagen nichts Warmes im Bauch", berichteten sie.

Ist es ein Wunder, dass sie nicht nur völlig überrascht waren von der Einladung zum bezirkseigenen Schweinsbraten, die ihnen der Körbers Fritz liebe- und mitleidsvoll kundtat, sondern dass ihnen das vorweihnachtliche Geschehen im Schatten der Nürnberger Burg sogar wie ein mystisches himmlisches Wunder vorkam? Jedenfalls verspachtelten die 37 Hochwürden die 80 Portionen Schweinernes samt Graud und Gniedla ratzeputz. Und dazu noch 160 Nachtisch-Äpfel. So gestärkt, bestiegen sie ihren eiskalten Klapperkasten und zockelten los Richtung Frankreich. Sie säen nicht, sie ernten nicht … Pardon. Wir driften ab.

Aber wir sind uns sicher: Sollten die Herren Primizianten in Paris noch etwas anderes vorgehabt haben als Kirchen zu besichtigen und zu beten, zum Beispiel mal a weng ins Moulin Rouge zu schauen oder a bissla was Ähnliches, dann haben sie von solchen Plänen reumütig abgelassen. Und wahrscheinlich haben sie stattdessen für den Körbers Fritz aus Schwaig das eine oder andere Kerzla angezündet. Das hat er ohnehin verdient, weil er – und das ist gänzlich ernst gemeint – in seinem politischen Leben keineswegs nur im Fall Schweinsbraten-Wunder anderen Menschen mit größtem Engagement geholfen hat. So mag man diese Geschichte in diesem Buch auch als kleines publizistisches Denkmal für ihn werten.

Im Übrigen aber ging die wundersame und wunderbare Geschichte in der Nürnberger Burg schließlich noch ein bisschen weiter: Die Danziger, denen der Schmaus ursprünglich zugedacht war, trudelten sehr viel später dann doch ein und bekamen ihr Fett ab: In Form einer zwar kalten, aber durchaus fränkischen Brotzeit. Und der Körbers Fritz erzählte den

Gästen dabei in seiner Begrüßungsansprache die zu Tränen rührende vorweihnachtliche Geschichte einer wunderbaren Speisung von 37 hungernden und frierenden fremden, heiligen Männern, die sich vor gar nicht allzu langer Zeit just in dieser Nürnberger Jugendherberge zugetragen habe...

Der Christbaum und die grupfde Henna

Wenn ehrwürdige Justizbeamte in der Adventsnacht aaf die Ärbert gehn

Ihr kennt ja sicher alle die Justitia, die Göttin, der sie immer die Augen verbinden, damit sie die Ungerechtigkeiten nicht sieht, die hin und wieder bei den Gerichten geschehen. Wenn ihr mal zum Amts- und Landgericht an der Promenade in Ansbach kommt, dann könnt ihr sie auch sehen, die Göttin der Gerechtigkeit.

Nur: Wenn man genau hinschaut auf ihre Augenbinde, dann erkennt man, dass das Tüchla über den Augen a weng verrutscht ist. Die Eingeweihten erzählen, dass dies seit dem Advent 1978 so ist. Dass seit dieser Zeit etwas nicht stimmt mit der Justitia. In der Weihnachtszeit besagten Jahres ist in dem ehrwürdigen Haus nämlich etwas geschehen, was die Waage der Dame erheblich ins Schwanken und die Augenbinde ins Rutschen gebracht hat.

Eigentlich wäre die Geschichte fast einen Roman wert. Aber einen ähnlichen gibt es schon: „Der Maulkorb" heißt er. Der Ansbacher Roman müsste heißen: „Der Weihnachtsbaum". Er wäre wahrscheinlich noch lustiger als „Der Maulkorb" und hat den Vorteil, dass er wahr ist.

Also in jenem Advent haben sich an einem Freitagabend in der Gaststätte „Zum Mohren" etliche Söhne der Mutter Justitia (ob auch Töchter dabei waren, ist nicht überliefert) zu einer würdigen Weihnachtsfeier zusammengefunden. Es war so ziemlich alles dabei, was zu dieser Zeit im hohen Ansbacher Gericht Rang und Namen hatte, Mannsbilder also, die man durchaus in die Schar der örtlichen Honoratioren einordnen muss. Und die, wenn sie in ihren Talaren hinter den Tischen von Richtern und Staatsanwälten residierten, nicht nur bei den bösen Buben die Knie vor Ehrfurcht zum Schlottern brachten.

An diesem Adventsabend aber waren die Herren weniger Ehrfurcht einflößend. Vor allem, nachdem sie etliche Seidla Bier oder Schoppen Wein

inhaliert hatten, brach die große Fröhlichkeit aus. Und was liegt da näher, als dass sich die Würdenträger entschlossen, die Weihnachtsfeier in besonderer Form abzurunden: nämlich mitten in der Nacht „noch a weng aaf die Ärbert zu geh".

Ja, so eifrig sind die Beamten an den Gerichten. Was seinerzeit auch als Beweis gewertet wurde, dass die gemeinen Unterstellungen nicht stimmten, die Ansbacher Richter und Staatsanwälte hätten damals vorwiegend im Sinn gehabt, möglichst lange Zeit am Vormittag wie am Nachmittag beim Kaffeetrinken im benachbarten Tchibo zu verbringen. Ja, sogar mitten in der Nacht und im größten Suriwuri, wie der Franke den Zustand er Trunkenheit bisweilen bezeichnet, dachten sie an ihre Arbeit.

Allerdings sind die ehrwürdigen Herren an diesem Abend im Advent 1978 nicht mehr zum Arbeiten gekommen. Man muss eine kleine Vorgeschichte kennen, um zu verstehen, warum das so war: Im damaligen Landgericht wurde in jedem Jahr im großen historischen Treppenhaus ein besonders schön geschmückter, stilvoller Weihnachtsbaum aufgestellt, als Stolz des ganzen Hauses und feierliche Einstimmung auf das bevorstehende Fest. Es gibt sogar die Fama, dass die Urteile am Ansbacher Landgericht angesichts des stimmungsvollen Christbaums in den Adventstagen dieser Ära besonders mild ausfielen.

Jedenfalls kamen die honorigen Herren in ihrem Zustand eines gehörigen Saiers genau an dem Weihnachtsbaum vorbei, als sie mitten in der Nacht „aaf die Ärbert" gingen. Und in dem Gedränge, Geschiebe und bei irgendeiner kurvenreich-schwankenden Bewegung ist wohl einer von den Söhnen Justitias an das weihnachtliche Schmuckstück hingerumpelt, so dass ein paar Tannennadeln hinuntergerieselt sind. Damit hat ein Malheur begonnen, wie es in dem alten Amt noch nie vorgekommen ist.

Den nachtwandelnden Staatsdienern hat nämlich der Nadelregen so gut gefallen, dass sie demselben mit wachsendem Einsatz und unter großem Gelächter zuerst a bissla und dann gscheid nachgeholfen haben. Immer mehr und immer mehr. Was bald dazu führte, dass außer den Tannennadeln nach und nach auch die gesamte Baumschmuck zu Boden ging: die Rauschgoldengel, die Sterne, die Äpfel. Die Kugeln sind die großen, breiten Treppen „nunderghupfd wie die Gaasbegg", wie später berichtet wurde. Unten hat es sie allesamt schlichtweg derbreesld.

Die hohen Herren indes, die dem Baum immer noch Gewalt antaten, standen oben im Treppenhaus und hielten sich vor Lachen die teilweise stattlichen Bäuche. Völlig naggerd stand das einstige Prachtstück von Baum schließlich da und erinnerte, wie einer der Missetäter prustend verkündete, „gscheid an a grupfde Henna". „Euer Gnaden" haben sich dann aus dem Gebäude gestohlen wie die Lausbuben bei Ludwig Thoma.

Und so sind sie am darauf folgenden Montag auch wieder hineingeschlichen durch das ehrwürdige Portal. Die alte Göttin Justitia hat – fantasievollen Erzählungen nach – angeblich ihr Augentüchla a weng gelüftet und ihren Kopf geschüttelt, dass die Waage in ihrer Hand gehörig gewackelt hat. Die Freveltat war natürlich schon lange entdeckt worden und der Präsident persönlich hatte bereits die Ermittlungen und die Suche nach den Tätern in Gang gesetzt.

Es ist jedenfalls „mordsmäßig wild" zugegangen bei den Nachforschungen, berichteten Eingeweihte in jener Zeit. Fast jeder im Gerichtsgebäude geriet unter Verdacht, am meisten die Putzn, die aber beschworen, dass sie mit dem Anschlag auf die Würde des weihnachtlichen Gerichts „ieberhabbds nix" zu tun hatten. Allerdings richteten sich dann doch allmählich schwerwiegende Verdachtsmomente gegen gewisse Herren, die in dem hohen Haus eine führende Rolle spielten. Ihre Autos waren nämlich zu tiefer nächtlicher Stunde im Gerichtshof gesichtet worden und standen dort bis weit in den nächsten Tag hinein. Was Gerüchte entstehen ließ, dass hier Freveltäter prellerbedingt ihr Fahrzeug haben stehen lassen und, wie es sich gehört, heimgelaufen sind.

Der Nervendruck der Christbaumfrevler wuchs jedenfalls so, dass sie ihm nicht mehr standhielten. Einer nach dem anderen ist zu seinem Präsidenten geschlichen und hat reumütig gebeichtet. Und weil bei Gericht der Alkohol und ein Geständnis strafmildernd wirken, sind die Übeltäter mit einem Zammschiss und ohne Verurteilung davongekommen.

Die Buße haben sie sich selbst auferlegt, indem sie eigenhändig einen neuen Christbaum aufgestellt und geschmückt haben. Und doch hat sich eine kleine Strafe ergeben: Noch Jahre danach mussten sie sich das Gelächter und manchen Spott innerhalb und außerhalb des ehrwürdigen Gerichts gefallen lassen. Und sogar heute noch erzählt man sich bisweilen lachend diese ganz besondere Ansbacher Weihnachtsgeschichte.

In der Herberge war doch ein Platz frei

Wenn ein Wirt in Betlehem knüppelhart sein soll, aber ein weiches Herz hat

Vielleicht kommt es uns nur so vor, als ob Weihnachten früher weihnachtlicher gewesen ist als heute. Nicht so hektisch, nicht so viel Kaufrausch und immer weiß. So jedenfalls sieht die – möglicherweise glorifizierende – Erinnerung aus, die wir noch durch die Tatsache erweitern, dass die Kirchen am Heiligen Abend immer rappelvoll waren und die Metten besonders feierlich.

Wie seinerzeit in dem Städtchen, wo sich die nördliche Oberpfalz und das südöstliche Oberfranken treffen, irgendwo zwischen Fichtelgebirge, Steinwald und Oberpfälzer Wald. Da war für die Kindermette am Heiligen Abend ein Krippenspiel angesagt, für das der Herr Kaplan eigens einen mundartlichen Text verfasst hatte, den wir – dieser Mischung aus Sechsämter- und oberpfälzer Dialekt nicht kundig genug – im weiteren Verlauf dieser Erzählung ins pure Fränkische übersetzen.

Jedenfalls hat der Herr Kaplan die Geschichte von der Herbergssuche und der Geburt des Christkinds gänzlich traditionell aufgezogen mit herzerweichenden Dialogen und knüppelharten Wirtsleuten. Und aufwändig inszeniert war die Geschichte. Im Mittelgang der Kirche waren drei Herbergen und ein Stall aufgebaut. Zu diesem Zweck waren eigens die Verkaufsbuden vom sommerlichen Pfarrfest umgebaut worden.

In jeder dieser Herbergen wartete nun also ein Wirt auf Maria und Josef, gespielt von der kleinen Kathi und vom Tommi. Und die Unterkunftssuchenden gingen also von Häuschen zu Häuschen und trugen erbarmungswürdig ihr Anliegen vor: „Mir kumma vo Nazareth und suchen a Bleibe für die Nacht. Uns friert's und mir ham Hunger", jammerte die Maria. Und der Josef stimmte ein: „Und mei Maria kricht edzerla bald a klanns Bobberla. Vielleicht noch heit Nacht. Lasst uns biddschee nei zu eich."

Der erste Herbergsvater polterte sofort los: „Haut bloß ab, obba a weng schnell. Mein Haus is scho vull mit lauter so Gschwerl, wie ihr's seid." Und auch der zweite Wirt zeigt sich rüde, ungnädig und fremdenfeindlich: „Fremma Leid braung mir in Bethlehem ieberhabbds net, scho gor net eich aus Nazareth. Schaud, dassder fodd kummd!" Manches alte Weiblein in der Kirche zückte das Taschentuch, um die die Tränen zu trocknen, die in Anbetracht solcher Herz- und Lieblosigkeiten die Wangen hinunterkullerten.

Dann kamen Maria und Josef, alias Kathi und Tommi, zur dritten Herberge, wo der Michi wartete, auch in der Rolle als zu aller Härte entschlossener Gastwirt. Und wieder bettelten die Herbergssuchenden: „Lass uns bittschee nei zu eich!" „Ihr frech's Volk, was bildet ihr eich ei?", sollte der Michi an dieser Stelle sagen und „Schwingt eich und lasst eich fei johr nimmer seh'n". Doch Wirt Michi blieb stumm. Zwei Sekunden, zehn Sekunden, eine halbe Minute. Der Kaplan als Souffleur flüstere: „Ihr frech's Volk..." Und lauter werdend erneut: „Ihr frech's Volk..."

Eine Minute war schon fast um, noch immer kein Wort von Wirt Michi. Noch einmal und noch einmal lauter der Kaplan: „Ihr frech's Volk..." Dann endlich der Wirt: „Ihr lieben Leut, kummtner nei. Ich hab' fraali noch a Plätzla fier eich frei. Und mei Fraa kocht eich a warms Sübbla und hilft der Maria, wenn's ihr Kindla kricht."

Das Kirchenvolk erstarrte, der Kaplan ebenso. Völlig überraschend hatten Maria und Josef eine Herberge gefunden. Jedenfalls gingen sie von der Wendung der Geschichte total überrumpelt mit dem Michi in die Holzbude, schlossen die Tür hinter sich und waren verschwunden. Es dauerte noch einmal etwa ein Minute, bis sich der Herr Kaplan von seiner Schockstarre erholt hatte.

Dann versuchte er zu retten, was zu retten war, trat ans Mikrophon und sagte: „Die Geschichte geht natürlich weiter. Der nette Herr Wirt hatte sich getäuscht. Es war gar kein Zimmer frei in seiner Herberge. Er hatte nämlich vergessen, dass in dem Raum, den er Maria und Josef zugedacht hatte, die Maler arbeiteten, dass sie die Wände anstrichen, Bett und Schrank abgebaut und auf den Speicher gebracht hatten. Also blieb dem Wirt Michi nichts anderes übrig, als seinen beiden Gästen aus Nazareth dann doch einen Platz im Stall bei der Krippe und Ochs und Esel anzubieten."

Nach diesen aufklärenden Worten holte er Maria und Josef aus dem Häuschen, nahm sie bei den Händen und führte sie zum Stall, wo sich inzwischen die englische Schar in Form des Gemeinde-Kinderchors versammelt hatte und dem Christkind ein feierliches Halleluja sang.

Man kann sich vorstellen, was hinterher in der Sakristei los war. Halleluja. Der Kaplan nahm den Michi jedenfalls beiseite, schüttelte ihn und fragte, was er sich denn bei seinem Auftritt gedacht habe. „Ach", sagte der Michi, „wissen's, der Tommi is doch mei bester Freund. Die Kathi sitzt in der Schull in der Bank vor mir. Die zwaa ham mir so leid getan, als sie mich angebettelt ham, die senn so nett, dass ich sie net abweisen konnte." Da schwand schlagartig beim hochwürdigen Herrn Kaplan der Zorn und er musste nur noch lauthals lachen.

Und im Nachhinein hat er, wie er später versicherte, bereut, den Schmarrn mit dem Maler erfunden zu haben. Hatte er doch damit verhindert, dass das Christkind an jenem Heiligen Abend an der Grenze von Oberfranken zur Oberpfalz möglicherweise erstmals in der Geschichte der Menschheit unter würdigen Umständen und Bedingungen zu uns auf die Welt gekommen ist.

Kapitel 7

Ein Geist und zwei Heringe zum Schluss

Geistreiches Zeitungsleben

Und fast zum Schluss: ein Einblick in das fränkische Journalistendasein aus besonderer Perspektive

Wie kann eine humorvolle journalistische Rückschau in Buchform wohl aufschluss- und beziehungsreicher zu Ende gehen als mit einem fröhlich-geistreichen Blick hinter die Kulissen einer Zeitungsredaktion, einer fränkischen natürlich:

Darf ich mich vorstellen? Diddi Dordn, der fränkische Zeitungsgeist. Ich weiß nicht, ob ich wirklich so heiße, aber oft, wenn mich in meinem früheren Leben die Leute auf Straße gesehen haben, haben sie gesagt: „Schau, des is der Diddi dordn." Also vermute ich, dass ich Diddi Dordn heiße.

Heutzutage bin ich also ein Zeitungsgeist. ihr könnt euch ja denken, dass so eine Zeitung gscheid geistreich sei muss. Und deshalb geister ich schon ewig und drei Tag bei den fränkischen Zeitungsredaktionen umeinander, vor allem in Nürnberg. Weil aber so ein Gespenst in einer Zeitung nicht wirklich eine Aufgabe hat, arbeite ich halt a weng mit an den Texten. Also ich greif a bissla mit ein, verdreh ab und zu einmal ein paar Buchstaben oder Sätze, klau Satzzeichen oder Wörter und so weiter. Als Zeitungsleser habt ihr es bestimmt schon gemerkt, dass es mich gibt. Gell?

Jedenfalls freue ich mich immer arch, wenn mein Blödsinn wieder einmal richtig erfolgreich war und die Leser anrufen und sich beschweren, was wieder für ein Zeug in der Zeitung steht oder wenn sie gar Leserbriefe schreiben und motzen. Und wenn sie zu den Redakteuren „Analphabeten" sagen oder „Dilledandn", was im Fränkischen ja besonders schön klingt. Gell? Dilledandn!

Kürzlich habe ich a weng in der Leserbrief-Redaktion umeinandergespukt und da hab ich gehört, wie sich ein Redakteur mit seinem Kollegen unterhalten und ihm erzählt hat, dass bei einem Artikel, das war ein

Kochrezept, fast alle Satzzeichen und Zahlen durcheinandergepurzelt sind, manche gar ganz gefehlt haben und dass ein witziger Leser daraufhin einen Leserbrief geschrieben hat – und Leute, ich schwör's euch, das ist wirklich wahr, und diesen Brief gibt es echt in den „Nürnberger Nachrichten":

„Liebe Redakteurinnen und Redakteure: Ich habe soeben euer Rezept des Tages gelesen, die Ananas-Torte. Mir ist das Wasser im Mund zusammengelaufen, und ich wollte sofort mit dem Backen anfangen. Was mich aber ein bisschen irritiert: Ihr verlangt, dass die Eier zweimal 35 Minuten mit dem Handrührgerät bearbeitet werden sollen. Mir fallen die Arme ab. Weiter erscheint mir eine Backdauer von über 800 Minuten bei den heutigen Strompreisen doch etwas zu lang. Auch die Zugabe von 45 Esslöffeln Quark aus insgesamt 100 Gramm Quarkmasse bringe ich beim besten Willen nicht fertig. Ist das Quanten-Physik? Habe ich da nicht aufgepasst?

Was mir aber einleuchtet, ist die Abkühlzeit von 46 Stunden, bei der empfohlenen Backtemperatur von mehr als 220 000 Grad Celsius. Eine Bitte noch: Wenn Ihr diese Torte nachbackt, lasst mich mal versuchen. Ich freue mich schon auf Eure Einladung." – Und dann hat der Leser noch 30 Komma und 20 Punkte angehängt, damit die Redaktion künftig welche hat.

O, hab ich mich da gefreut. Kann es für einen fränkischen Zeitungs-Fehlergeist a schöneres Erfolgs-Erlebnis geben? Höchstens noch, wenn er in der großen Redaktionskonferenz hockt und die gescheiten Damen und Herren Redakteure über die kleineren und größeren Unzulänglichkeiten diskutieren, in denen ich ja oft meine Geisterfinger habe. Wie bei der Überschrift „Freude für alle: Lebenslanges Leiden durch Zeckenbisse". Oder bei der Nachricht: „Kurz nach dem Grenzübergang bei Kalotina prallte die mit 90 Passagieren besetzte Lokomotive in einen bulgarischen Dienstzug." Oder bei der Geschichte vom Erdbeben in Japan, in der es hieß: „Auch Ministerpräsident Naoto Kan geriet in die Kritik, weil er am Samstag zum ersten Mal seit der Naturkatastrophe mit mehr als 12000 Toten ins Krisengebiet reiste."

Und dann wettert der Chefredakteur. Das ist doch klar: So etwas darf einfach nicht passieren. Und die Leser rufen dauernd an und beschweren sich. Dann tut's mir manchmal schon a weng leid, dass ich gar so arch eingegriffen habe.

Und kürzlich hat einmal eine Frau Redakteurin ganz traurig gefragt, ob die Leserinnen und Leser nicht manchmal die Zeitung auch ein bisschen loben. Und der Chefredakteur hat mit den Schultern gezuckt. Was sollte er auch sagen? Es is halt a suu a Zeich mit dem Lob in Franken.

Ein Franke will ja im Prinzip gar nicht gelobt werden. Vielleicht misserder (ein besonders schöner fränkischer Konjunktiv, gell?) – misserder ja dann zurückloben. Lob hin und Lob her – das ist total abseitig in Franken. Weil eine fränkische Seele es meistens nicht packt, einfach a weng a Lob hervorzubringen. Im Einzelfall schafft sie es zwar, so ein Lob in den Kehlkopf zu bugsieren. Aber auf dem Weg von dort zu den Lippen gfreggd es oft elendiglich.

Und so würgt der fränkische Mensch höchstens a bissla a freundlich-anerkennendes „gedd scho" oder „kammer scho lass'n" oder „kennerd fei schlechter saa" oder „haud scho hie" oder – im Fall höchster Euphorie - ein „bassd scho" hervor. Oder er versucht's mit einem aufmunterndem Sprüchla wie: Werd scho wern, socht die Fraa Zwern. Bei der Fraa Dorn is aa worn. Bloß die Frau Horn, die is g'storm.

Ja, ja, so ist der Franke, auch der fränkische Zeitungsleser und Redakteur. Und genauso geht es ja mit dem Danke. Der Franke ist von Natur aus dankbar. Das hat er in seinem Blut und in seiner Art. Das muss er net fordner sagen. Außerdem muss er arch mit sich ringen, weil ihm auch die richtigen fränkischen Worte für den Dank fehlen. Höchstens Danggschee, was aber meist a weng knärzich oder grimmig klingt, wie: „Danggschee halt". Vielleicht noch „Danggschee awaal". Das ist aber zeitlich a weng arch begrenzt.

Dann gibt es noch das fundamentale „Edz naa, gell fei werkli". Das ist ungefähr gleichbedeutend mit der anderen sehr gängigen fränkischen Dankesbotschaft: „Des braucht's doch net".

Und dann haben sie in der Redaktionskonferenz den Leserbriefredakteur noch gefragt, ob manche Lobes- und Kritikgespräche am Telefon nicht hin und wieder an die Grenze seiner Geduld gehen. In seiner fränkischen Milde und Zurückhaltung hat der Buu da drauf nichts gesagt. Aber er hat berichtet, dass es auch einen gscheid gscheidn fränkischen Weg gibt, um den Ausdruck brutaler Ungeduld sensibel zu umgehen.

Wenn also der Franke als solcher kein bissla Zeit hat, aber es waafd ihn einer (oder eine) an, dass man meint, die Ohrn fall ab, dann versucht es der Angesprochene, wenn er also Franke ist, zunächst mit einem „Ssssssso", das man mit ungefähr 10 „S" schreiben muss. „Ssssssso", was nichts weiter heißt als: „Edz langt's fei langsam". Und wenn das auch nichts nutzt, hilft vielleicht ein „Alllso" (hier wären drei bis vier „L" angebracht, die der Franke bekanntlich außerhalb vom Maul spricht): Alllso. Oder in verschärfter Form ein „Alllso dann" (mit furioser Betonung auf dem „dann").

„Ihr derffd net glauben", hat der Redakteur zu seinen Kollegen gesagt, „dass a jeder Frangge zu jeder Zeit maulfaul is, wie ihm des die Preißn und die Aldbayern oodichdn." Was so eine richtige fränkische Radschkaddl is, gehd die auch über das deutliche „Alllso dann" einfach hinweg, hat er gemeint. In einem solchen Fall würde ein vollgwaafder Nichtfranke voller drastischer Ungeduld sagen: „Jetzt muss ich aber wirklich Schluss machen." Der Franke indes, sensibel wie er ist, tut solches nicht. Stattdessen erklärt er seinem Gesprächspartner liebevoll: „Ssssso, edz will ich dich net länger aufhalten." Was wahrscheinlich der größte Beschiss der fränkischen Sprache ist, aber meistens wirkt.

Apropos fränkische Sprache. In der Redaktionskonferenz hat dann die Jugendredakteurin berichtet, dass sie kürzlich in einer Schule war, um den Madla und Buum etwas über die Zeitung zu erzählen. Und als sie in der Schule angekommen ist, stand am Eingangstor der Direktor. Sie sagt, das war a weng a archer Preiß. Der hat nicht etwa auf das Fräulein Jungendredakteurin gewartet, sondern hat geschaut, ob Schüler zu spät kommen.

Und tatsächlich kam der Andi angerannt. Der Direktor hat die Arme ausgebreitet, den Buben aufgehalten, auf seine Uhr gezeigt und gesagt: „13 Minuten zu spät". „Des macht nix", hat der Andy geantwortet, „ich bi aa zu spät dro." Der Dirregder hat das als a bissla frech empfunden. Und deswegen hat er den Andy angeraunzt: „Wo kommst du jetzt so spät her?" „Ach", hat der Bub gemeint, „mei Nosn hat gschwaaßt." „Was heißt das denn jetzt wieder?", hat der Direktor gefragt. „Bludd hat's halt. Geblutet, also eben gschwaaßt." „Und warum?", wollte der strenge Herr Schulleiter wissen. „Ich hab nur zum Rudi Oorschluuch gsachd, dann haddermer scho aane aaf mei Waffl naufghaud." Der Direktor hat richtig zu zittern angefangen und gerufen: „Unerhört!" „Des find' ich aa", hat der Andy gemeint.

„Nein, Andreas, ich meine deinen Wortschatz. Und dieses schreckliche, schmutzige Wort mit dem A am Anfang möchte ich nie wieder von dir hören. Verstanden?" „Mit O", hat der Andy eingewendet: „Oorschluuch". „Bist du still!", hat der Direktor geschrien. „Und wie heißt das, wenn man Prügel bezogen hat?" Darauf der Andy: „Der hat mich brezd." „Nein." „Der hattmer Fotzn gebm." „Nein." „Der hat mich gschward."

„Nein." Der Direktor hat ganz wilde Augen gekriegt und gesagt: „Bürschlein, merke es dir: Er hat mich geschlagen." „Allmächd naa", hat der Andy gestöhnt, „Sie aa? Ich hob ja glei gsochd, der Rudi is a Oorschluuch."

Der Franke als solcher ist halt a weng a Witzbold. Oder etwa net? Voriges Johr bin ich heimlich mit unserer Lokalredakteurin mitgegangen, als sie eine Reportage über den Fastnachtszug machen sollte. Erst ist sie noch in einen Bäckerladen gegangen, um sich ein Weggla zu kaufen. Es war schon eine Familie drin: Oma, Opa, Mama, Papa und zwei klanne Freggerla, vielleicht vier und sieben Jahre alt.

Da ist das ganz kleine Bärschla, der Schorschi, einfach zu einer Dordn mit Sahnedipferla drauf gegangen, wollte grade naufbadschn und hätte sie fast umgehaut. Da hättet ihr seinen Vadder hören sollen: „Lass die Dordn dordn dordnsteh", hat der geblägt. Und der Klaa hat grinna. Die Mama hat dann alle beschwichtigt: „Is doch nix bassierd mid der Dordn dordn", hat sie gemeint. „Kummt, sonst versäimermer no den Fastnachtszuch. Edz wollmer doch lustig saa."

Das mit der Lustigkeit hat sich auch gut angelassen. Es war zwar a weng eng, drum ham's a weng weng gseng. – Das war jetzt nicht Chinesisch, sondern wirklich Fränkisch. – Also es wor a weng arch eng, waal a weng arch vill Leit umeinanderstandn. „A weng arch vill", habt ihr euch das schon einmal überlegt? Das ist auch so einer von den fulminanten Höhepunkten der fränkischen Sprache. Übertroffen wird er vielleicht noch dann, wenn nach dem Liebesspiel sie zu ihm sochd: „Des wor fei a weng arch arch."

Aber gehen wir zurück zu unserer Familie und zur Redakteurin, die sie begleitet hat. Es ging wirklich lustig los. Vom ersten Wagen hat es Bonbons auf die Straße gerengnet. Und der klaa Schorschi hat sich gefreut wie a Sau und sich die Taschen vollgestopft – bis ihm a größerer Fregger auf die Hand gelatscht ist. Allmächd, hat der Schorschi geblägt. Und der Papa hat gebrüllt: „Hör edz aaf mid dena Bummbumm. Derhamm liechd des Zeich suuwiesuu bluuß umeinander und kanner will's." Drauf der Schorschi: „Ich will obba…" Der Vadder: „Edz g'horchst, sunnst kriggst a Drumm Schelln." Woraufhin sich die Oma einschaltete: „Obba Karl, schimpf hald net, es is doch Fasching."

Dann kam eine Gruppe mit Harlekinen. Irgendwo hat ein einzelner Zuschauer im Überschwang des Frohsinns zaghaft in die Hände geklatscht. Was den Klausi, unsern Siebenjährigen, zur Frage veranlasst hat: „Mama, warum baschd'n der Moo?" Die Mudder: „Waal Fastnacht is." „Aha."

Und dann hat ein Harlekin dem Schorschi einen Krapfen geschenkt. Drauf der Vater: „Schorschi, lass miich amol beiss'n." Der Schorschi hat ihn gelassn und sofort ein erbärmliches Geheule angestimmt. „Der haddmer mei ganze Marmalad weggefressn." „Ich gibbder glei, fressen!" Der Klaa konnte der väterlichen Maulschell'n grade noch ausweichen, hat aber erneut gebrüllt wie am Spieß.

Das fränkische Faschingsvergnügen am Straßenrand ist jetzt auf seinen Höhepunkt zugestrebt. Die Mutter zum greinenden Schorschi: „Schau, des Brinzenbaar." Schorschi stampfend: „Ich will ka Brinznbaar, ich will mei Marmalad."

Da hat sich aus dem Begleittross der Tollitäten ein männliche Gestalt gelöst, ging – mit fröhlichem Geschrei – auf die Mutter zu, drückte ihr einen Schmatz auf die Wange und verschwand wieder. Vater zur Mutter: „Kennst du denn?" Mutter: „Naa." Vater: „Den häddsd fei ned glei umarma missn." „Des hab ich doch gor net." „Ich hab's obba genau g'sehn!" „Also Karl, du gesst zu weid!"

Lustig ist die Fasenacht. Danach ist dann eine Hexenschar gekommen. Eine von den finsteren Gestalten ist auf unsere Familie zugetanzt, hat dem Vater den Besen auf die Rubm g'haut und ist davongehüpft. Der Vater hat gscheid gezuckt. Darauf die Mutter: „Kennst du die?" Vater: „Ja, hast du edz an Badscher?" Klausi: „Hat des wohl wehdo?" „Froch net so daab, sunst fängst anne!" Mutter: „Achgodderla Karl, versteh halt amol a weng an Spass." Vater: „A suu a Zuchdl, suu a debberde. Die had mich fei vull midn Stiel derwischd."

Der Schorschi hat gleich gelacht, dass alle Leute um sie herum hergeschaut und mitgelacht haben. „Hör bloß aaf zu lachn, du Rutzlöffl, du elendicher", hat der Vater den lustigen Schorschi angeschrien. Und der Klausi hat sein Bruder in Schutz genommen: „Im Fasching derfmer doch lachn. Oder etwa net?"

Ich hoffe jedenfalls, dass ihr bei der Lektüre dieses Buchs auch gelacht habt – und zwar gscheid. Und wenn ihr jetzt noch wissen wollt, was die Frau Redakteurin in der Zeitung über den stimmungsvollen Fastnachtszug geschrieben hat, kann ich's euch sagen: „Es war a weng arch eng, drum hob i a weng weng gseng. Franken Helau!"

Zwei Heringe und die Vergänglichkeit

Wie ein Journalist die Nachhaltigkeit seines Tuns und Wirkens erlebt

„...und bring' fei aus der Stadt zwei Heringe vom Grill mit!" – Du nickst, und das Wasser läuft dir schon mal im Mund zusammen. Dann stehst du am Fischstand, eingehüllt vom Rauch, und wartest in der Schlange. Nach drei Makrelen- und vier Heringskunden kommst endlich du dran. Die Verkäuferin mit der weißen Plastikschürze über Bauch und Busen haut dir zwei dicke Fische auf das Zeitungspapier, das ausgebreitet zum Einwickeln bereitliegt. Das Fett spritzt. Der größte und feisteste Tropfen macht sich auf der Schlagzeile breit: „Wo sind die sieben Millionen Euro geblieben? – Affäre im..." Woher kennst du diese Worte?

Die hast du selbst zu Papier gebracht! Vor vier Monaten. Oder waren es sechs? Oder sieben? Dein Artikel! Von wegen Affäre. Ein ausgewachsener Skandal war das. Dreieinhalb Tage hast du gewühlt, Akten gewälzt, Leute befragt, dich abweisen, anschnauzen, anschwindeln lassen. Herumgefahren, im Archiv gestöbert, telefoniert. Erfolgreich und geduldig auf Fotopirsch gegangen. Und jetzt wickelt die mollige Verkäuferin hastig einen triefenden Fisch in das Ergebnis dieser Arbeit ein.

Gefieselt hast du beim Schreiben. Dreimal neu angefangen. Nur keinen Fehler machen. Versteht jeder, was du meinst? Gegenlesen lassen. Diskutiert, gestritten. Noch einmal verbessert. Und noch einmal. Einen ganzen Tag lang über zwei kniffligen Details gebrütet. Und nun kriegt dein schöner Artikel sein Fett ab. Ausgerechnet von zwei gebratenen Heringen.

Eine Riesenaufregung gab es nach der Veröffentlichung. Jede Menge Anrufe. Erfreute Leser. Beleidigte Politiker. Ein drohender Rechtsanwalt, der in Wirklichkeit nichts ausrichten konnte, weil alles stimmte, was du geschrieben hattest. Dann: Leserbriefe stapelweise. Für und wider. Selbst die große Presseagentur fragte: Wo sind die sieben Millionen Euro

geblieben? Und nun kommen die zwei prallen Tiere daher und breiten sich unflätig tropfend auf dem Ergebnis aller deiner Mühen aus. Gleich werden die Viecher gnadenlos vertilgt! Strafe muss schließlich sein.

Allmächd – und so ein Erlebnis geht natürlich unter die Haut. Du betrauerst zunächst die Vergänglichkeit alles Tuns und aller Worte. Und du überlegst, was du tun kannst, damit wenigstens ein paar deiner unter Schweiß und Tränen entstandenen Werke doch noch ein Weilchen vor dem Schuttabladeplatz der Zeit verschont bleiben. Wie kannst du sie retten vor dem Papierhaken im Klo oder vor dem Schicksal als Einwickelpapier für gebratene Heringe, Salatköpfe, Selleriewurzeln und frisch reparierte Altschuhe? Du versuchst es so: Du stellst nach 45 journalistischen Berufsjahren ein Buch zusammen wie dieses, das hier zu Ende geht, und du hoffst, dass du damit vielen Menschen Freude bereitet hast.

Von Autor Urich Rach ebenfalls im wek-Verlag erschienen:

„Der Franke als solcher" I bis III

Der Franke als solcher, der virtuelle Prototyp des Franken also, ist mit drei kleinen Taschenbüchern erfolgreich auf dem Buchmarkt (Format 12 x 20 cm, illustriert von Thomas Scheidl). In diesen Bändchen soll Franken und das Fränkische von der heiter-philosophischen Seite betrachtet werden. Sollen kleinere und größere Episoden über fränkische Sprache, fränkisches Leben, fränkischen Charakter die Leserin und den Leser erfreuen, sie zum Schmunzeln, zum Lachen bringen. Zudem: Wer diese Titel erwirbt, hat sich nicht nur für originelle fränkische Unterhaltung entschieden, sondern auch für ein großes Sozialzentrum in Kenia gespendet. Fränkischer Humor hilft, Not in Afrika zu lindern: Eine ungewöhnliche, aber bisher recht erfolgreiche Synthese.

Der Franke als solcher (I), 30 Seiten, 5,00 Euro, ISBN: 978-3-934145-30-6

A Seidla Fränkisches (II), 32 Seiten, 5,00 Euro, ISBN: 978-3-934145-42-9

Suu genger die Gäng (III), 56 Seiten, 6,80 Euro, ISBN: 978-3-934145-61-0

Zwei fränkische Kinderbücher

Die Bücher sind in Hochdeutsch geschrieben, die Mitwirkenden aber führen die meisten Dialoge auf Fränkisch. Witzig illustriert wurden beide Titel (Format 12 x 20 cm) von Thomas Scheidl. Aus dem Überschuss gehen auch hier Spenden nach Kenia.

Freggerla – das Schulgespenst, ein geist-reiches fränkisches Tagebuch für kleinere und größere Kindsköpfe ab dem Schulalter mit Erlebnissen aus der Schüler-Welt verschiedener Generationen und einem auch für Kinder verständlichen Einblick in fränkische Lebensart und Geschichte.
136 Seiten, 9,80 Euro, ISBN: 978-3-934145-80-1

Gscheid was los im Wald der Grolle, fröhlich-spannende Geschichten von fränkischen Waldgeistern für Kinder ab 4 Jahren. Grolle? Das sind die netten fränkischen Verwandten der grimmigen nordischen Trolle, kleine Waldgeister also, die besonders in den Forsten auf der Frankenhöhe zu finden sind.
106 Seiten, 8,80 Euro, ISBN: 978-3-934145-83-2